鄂尔多斯盆地东缘地区煤层气产业发展研究

——以山西离柳地区为例

宋　燕　张永胜　著

中国矿业大学出版社

·徐州·

内容提要

本书介绍了煤层气的形成机理、中国及山西省煤层气产业发展现状；重点分析鄂尔多斯盆地东缘——离柳地区煤层气资源产业发展现状及其内外部影响因素，以及煤层气产业市场需求；围绕离柳地区煤层气产业展开经济评价，根据评价结果提出离柳地区煤层气产业化发展战略及其对策建议。

图书在版编目(CIP)数据

鄂尔多斯盆地东缘地区煤层气产业发展研究：以山西离柳地区为例 / 宋燕，张永胜著. — 徐州：中国矿业大学出版社，2019.12

ISBN 978-7-5646-3418-6

Ⅰ. ①鄂… Ⅱ. ①宋… ②张… Ⅲ. ①煤层—地下气化煤气—产业发展—研究—吕梁 Ⅳ. ①F426.21

中国版本图书馆 CIP 数据核字(2019)第285508号

书　　名　鄂尔多斯盆地东缘地区煤层气产业发展研究：以山西离柳地区为例

著　　者　宋　燕　张永胜

责任编辑　黄本斌　姜志方

出版发行　中国矿业大学出版社有限责任公司

（江苏省徐州市解放南路　邮编 221008）

营销热线　(0516)83884103　83885370

出版服务　(0516)83995789　83884920

网　　址　http://www.cumtp.com　**E-mail**：cumtpvip@cumtp.com

印　　刷　江苏凤凰数码印务有限公司

开　　本　787 mm×1092 mm　1/16　**印张** 11　**字数** 210 千字

版次印次　2019 年 12 月第 1 版　2019 年 12 月第 1 次印刷

定　　价　38.00 元

前　言

煤层气作为非常规天然气，是一种高效洁净能源。我国煤层气资源储量非常丰富，埋深2 000 m以浅煤层气地质资源量为36.81×10^{12} m^3，居世界第三，主要分布在华北和西北地区。煤层气热值与天然气相当，既可独立使用，也可与天然气混用，且燃烧后洁净，几乎不产生任何废气，是上好的化工原料和工业、发电、汽车和居民生活燃料，用途非常广泛，开发利用前景十分广阔。我国常规天然气资源储产有限，大力开发利用煤层气资源，不仅能弥补常规天然气产量不足，保障国家能源安全，而且能改善煤矿生产条件，降低煤矿瓦斯事故的发生，还能减少甲烷气体排放，减轻资源与环境双重压力，同时能带动相关产业发展，增加就业机会，促进经济发展。

山西作为全国煤炭资源大省，蕴藏着巨量的煤层气资源。据山西省自然资源厅最新资料显示，埋深2 000 m以浅煤层气地质资源储量为8.31×10^{10} m^3，居全国首位，与美国煤层气资源量相当。目前，山西境内的沁水盆地和鄂尔多斯盆地东缘已成为全国两大煤层气产业化基地，两大盆地煤层气资源量占全省的89.72%，开发利用程度在全国处于前列，初步实现了规模化和商业化生产。尽管鄂尔多斯盆地东缘煤层气开发利用经过多年的努力，产业化等取得了显著进展，但由于地质条件复杂多变，缺乏合适的开发技术，目前仍未达到理想状态，尚存在很多科学和技术问题需要解决，煤层气产业发展问题也是其中一个重要方面。

鄂尔多斯盆地东缘地区煤层气产业发展研究以煤层气产业发展现状分析为基础，综合运用现代数学方法和信息技术手段对煤层气产业发展前景进行预测，规划煤层气产业未来发展方向及途径，加强煤层气产业发展顶层设计，实现煤层气产业科学、可持续、健康发展。

本书内容包括煤层气概述、中国煤层气产业发展情况、离柳地区煤层气产业发展现状及其影响因素分析和市场需求分析、离柳地区煤层气产业经济评价和产业化条件与发展战略以及发展对策等八大部分，其中，第一、四、七、八章由宋燕撰写，第二、三、五、六章由张永胜撰写。在撰写过程中，本书参考了大量学术专著、科技论文、科研报告、网络文献等国内外文献资料；引用了相关学者及团队近年来的部分科研成果，如国家科技部重大项目“山西建设国家煤层气产业化示范基地研究(2011GXS2D017)”课题、山西高校人文社会科学重点研究基地项目“新常态下山西煤炭与煤层气资源协调开发的创新机制与效应研究(1702040125－S)”课题等的研究成果。山西能源产业集团有限责任公司等单位在资料收集等方面给予了热情帮助；在研究和撰写过程中，太原理工大学刘鸿福教授、牛冲槐教授给予了悉心指导；山西煤层气有限责任公司穆志坚、太原理工大学要慧芳教授、宋晓夏、余传涛、李伟等给予了大力支持；研究生姜浩宇等参与了相关的实验研究、数值计算等工作。

在此，谨向上述单位和个人表示诚挚的谢意！

作者谨识

2019年10月

目　录

第一章　煤层气概述 …… 1
1.1　煤层气的定义 …… 1
1.2　煤层气形成机理 …… 2
1.3　煤层气成藏机理 …… 4
1.4　煤层气成藏规律 …… 5
1.5　煤层气的赋存状态 …… 5
1.6　煤层气资源的特点 …… 7
1.7　煤层气、天然气、页岩气的比较 …… 10
1.8　煤层气开发基本模式 …… 12

第二章　中国煤层气产业发展情况 …… 20
2.1　世界煤层气产业发展概况 …… 20
2.2　中国煤层气勘探开发进程 …… 37
2.3　中国煤层气勘探、开发及利用现状 …… 39
2.4　中国煤层气发展产业化面临的障碍 …… 47

第三章　离柳地区煤层气产业发展现状 …… 52
3.1　山西省煤层气产业发展现状 …… 52
3.2　山西省煤矿煤层气地质规律及分布特征 …… 59
3.3　离柳地区煤层气资源储量及地质条件 …… 76
3.4　离柳地区煤层气勘探、开发及利用现状 …… 84

第四章　离柳地区煤层气产业发展的影响因素分析 …… 88
4.1　外部因素 …… 88

4.2 内部因素 …… 95

第五章 离柳地区煤层气产业市场需求分析 …… 100
5.1 中国天然气市场需求 …… 100
5.2 中国煤层气市场需求 …… 111
5.3 山西省天然气市场需求 …… 112
5.4 山西省煤层气市场需求 …… 118

第六章 离柳地区煤层气产业经济评价 …… 120
6.1 经济性影响因素 …… 120
6.2 经济评价方法 …… 125
6.3 经济评价 …… 135

第七章 离柳地区煤层气产业化条件及发展战略 …… 147
7.1 离柳地区煤层气产业化条件及关键因素 …… 147
7.2 离柳地区煤层气产业化发展战略 …… 151

第八章 离柳地区煤层气产业化发展对策及建议 …… 153
8.1 加强统筹规划,实现有序开发 …… 153
8.2 合理布局产业,形成集聚效应 …… 154
8.3 完善扶持政策,落实补贴政策 …… 154
8.4 增加科技投入,建立研发中心 …… 155
8.5 强化人才引进,加强对外合作 …… 156
8.6 制定法律法规,护航产业开发 …… 156
8.7 加快管网建设,推动产业发展 …… 157
8.8 利用 CDM 项目,促进产业进步 …… 158

参考文献 …… 159

第一章　煤层气概述

1.1　煤层气的定义

煤层气的定义依据其成因、赋存、组成和矿种划分，主要有以下三种说法：

第一种说法：煤炭工业界将煤层气定义为煤的共伴生资源，通常称为“煤矿瓦斯”(coal mine gas)。主要根据煤层气的成因(煤层气与煤炭共伴生)和赋存特点(煤层气赋存于煤层之中)，以及资源价值(煤炭资源具有凸显的资源价值主导地位)而言。

第二种说法：石油天然气工业界认为煤层气资源的气体组分甲烷与常规天然气相同，所以将煤层气称为“非常规天然气”(unconventionality natural gas)。主要依据是煤层气独特的赋存状态(以吸附态为主)、非常规储层(典型的自生自储、多重孔渗的有机储层)和特有的产出机理(排水—降压—解吸—采气)。

第三种说法：国土资源部门认为煤层气是赋存于煤层中的独立的矿产资源，通常称为“煤层气”。主要依据是把煤层气作为一种独立的矿种，与煤炭、石油等同。

综上所述，煤层气是地史时期煤演化过程中煤中有机质在煤化作用过程中生成的，是赋存于煤层及其围岩中的、与煤共生伴生的、自生自储的、以吸附态为主的非常规天然气，俗称煤层甲烷或煤矿瓦斯。它是以吸附在煤基质颗粒表面为主、部分游离于煤孔隙中或溶解于煤层水中的烃类气体。煤层气的组成一般以甲烷(CH_4)为主(包括部分 C_2H_6、C_3H_8、C_4H_{10} 等重烃)，还有二氧化碳(CO_2)、氮气(N_2)等空气组分和一氧化碳(CO)、二氧化硫(SO_2)等气体组分，以及氦、氡等稀有气体，也可以说煤层气是气体化合物与气体元素组成的混合体。

1.2 煤层气形成机理

由煤层气的定义可知，煤层气是赋存于煤层中以甲烷为主要成分，以吸附在煤基质颗粒表面为主并部分游离于煤孔隙或溶解于煤层水中的烃类气体。因而，煤层气形成与成煤过程密切相关，成煤过程一般经历两个阶段：一是泥炭化作用阶段，即植物体被埋藏后，经过微生物的生物化学作用转化为泥炭；二是煤化作用阶段，即泥炭又经历以物理化学作用为主的地质作用，向褐煤、烟煤和无烟煤转化。前者主要是生物化学过程，后者是物理化学过程。在煤化作用过程中，成煤物质发生了复杂的物理化学变化，挥发分含量、水含量和氧含量减少，发热量和碳含量增高，同时也生成了以甲烷为主的气体。比如，煤由褐煤转化为烟煤的过程中，每吨煤伴随有 280～350 m^3 的甲烷及 100～150 m^3 的二氧化碳析出。

泥炭在煤化作用过程中，经过生物成因过程和热成因过程而生成气体，生成的气体分别称为生物成因气和热成因气。具体来说，煤层气形成大致有四种成气类型。

1.2.1 生物成因气

生物成因气是指成岩作用(阶段)早期，温度相对低(一般小于 50 ℃)，在浅层生物化学作用带内，沉积有机质经微生物的群体发酵和合成作用形成的天然气。其中有时混有早期低温降解形成的气体。生物成因气出现在埋藏浅、时代新和演化程度低的岩层中，以含甲烷气为主。

生物成因气形成要满足两个条件：一是要有丰富的有机质；二是具备甲烷菌繁殖的环境条件。

生物成因气按照生气时间、母质和地质条件的不同分为原生生物成因气和次生生物成因气。

原生生物成因气形成于泥炭—褐煤阶段，即泥炭化作用和成岩作用阶段。原生生物气常形成于地表或地下浅处，因而生成的气体极易扩散到大气中，或溶解于水体中，且泥炭或褐煤对气体的吸附作用也弱，导致褐煤层含气量较低。但也正是由于褐煤的吸附性弱，导致开采期间煤层气容易解吸，即使较低的含气量也往往形成具有工业开采价值的煤层气藏。

次生生物成因气与原生生物成因气的阶段划分取决于煤层有没有抬升。在煤层形成并被埋藏后，如果没有进入成熟阶段，同时又没有发生抬升，生成的生物气为原生生物成因气；如果发生抬升，不管煤阶如何，再生成的生物气为次生生物成因气。次生生物成因气的形成除了要具备原生生物成因气的形成环境条件外，关键取决于有机质的供给。实验表明，煤阶越低越有利于成因气的形成。次生生物成因气的形成，对煤层气勘探和生产具有重要意义，它的生成决定了中低煤阶煤层气生成的持续性。

1.2.2　热成因气

煤有机质在温度（＞50 ℃）和压力作用下发生一系列物理、化学变化，生成大量的气态和液态物质。随着煤变质程度不断加深，煤层由低阶向高阶演化。随着煤化作用的不断加深，二氧化碳和水不断消耗，煤层生气量不断增加，一直到无烟煤为止。根据生成阶段的不同，热成因气又可分为热降解气和热裂解气。

热降解生气阶段主要发生在煤化作用的长焰煤到瘦煤阶段。这一阶段发生的化学反应主要是在热力作用下（＜250 ℃）生成大量烃类物质，并且以生气为主，生油为辅。气态烃组成仍然以甲烷为主。

热裂解生气阶段主要发生在煤化作用的瘦煤到无烟煤初期阶段。在高温条件下（＞250 ℃），残余的干酪根、液态烃和部分重烃发生裂解生气。这一阶段所生成的气体以甲烷为主，是重烃含气量较低的干气。

1.2.3　混合成因气

由于煤层气的形成具有明显的阶段性和持续性，因此混合气存在两种形式：一是原地混合，即原地生成的热成因气和原地生成的次生生物成因气混合，不发生运移，一般出现在浅部；二是异地混合气，热成因气和次生生物成因气发生运移，在地下水滞留区聚集、混合。

1.2.4　无机成因气

地球深部岩浆活动、变质岩和宇宙空间分布的可燃气体，以及岩石无机盐类分解产生的气体，都属于无机成因气或非生物成因气。它以甲烷为主，

有时含 CO_2、N_2、He 及 H_2S、Hg 蒸气等，甚至以它们的某一种为主，形成具有工业意义的非烃气藏。

1.3 煤层气成藏机理

煤层气藏是指在地层压力作用下保存有一定数量气体的同一含煤地层的煤岩体，并具有独立的构造形态。它是在煤层热演化作用过程中形成的，而在后期构造运动中未被完全破坏，呈层状产出。煤层气藏是进行煤层气勘探和开发的基本地质单元，也是煤层气聚集的最小单元。

煤层气以煤层为储集层，气源由煤层自身生成，主要以吸附态存在。只要有较好的盖层条件，能够维持相当的地层压力，使煤层能“吸附住”一定的气体，就能形成气藏。煤层气气藏应具备以下条件：

(1) 煤层厚度。一定厚度的煤层是煤层气气藏形成的基础，煤层越厚对煤层气气藏形成越有利。

(2) 煤变质程度。煤层的生气量和储气能力都受煤变质程度的控制，所以煤变质程度对煤层气气藏的形成很重要。其表现主要有两个方面：一是煤变质程度太低，不利于煤层气气藏的形成。对于褐煤，处于生物化学生气阶段，热解气即将开始生成，煤层的含气量不高，又由于褐煤煤层透气性能良好，致使煤层气容易逸散，很难形成具有价值的煤层气藏。但是，当煤层埋藏深度较深，厚度较大或者有良好的盖层时，褐煤也可以形成气藏，可以进行商业性开发。二是煤变质程度太高，煤层已失去了储气能力，不能形成煤层气气藏。超高变质的($R_{o,max}>6\%$)超无烟煤，对甲烷基本上不吸附，孔隙率也很低，储气能力十分有限，不利于形成煤层气气藏。

(3) 煤层埋藏深度。煤层的埋藏深度是压力的主要来源，随着埋藏深度的增加，压力不断增大，煤层对甲烷的吸附能力也随之提高。此外，如果地质构造条件发生变化，使得煤层发生升降，就会改变压力，从而影响煤层气气藏的保存。

(4) 封盖能力。由于煤层气以吸附态存在，气藏压力比较小，因而良好的封盖对煤层气气藏的形成也是一个重要的条件，它能将不同煤系地层分隔成各自独立的系统，使吸附在煤层中的烃类气体以吸附状态较长时间地保存在煤层中，减少溶解气和游离气的散失。良好的封盖层应具备盖层厚度较大，且平面分布较均匀稳定；具有良好的毛细管封闭能力和较高的突破压力，能够维持煤层气赋存状态间的相态平衡，使其保持最大吸附量；孔隙率、渗透性很低，封闭性能好，不易产生裂缝。

(5) 水文地质条件。封闭的水动力系统和水动力受阻形成的高压是煤层气吸附和富集的有利条件。如果封闭的水动力系统被打破，将破坏煤层的压力平衡，使得吸附气减少，溶解气和游离气散失。

1.4　煤层气成藏规律

我国煤层气资源丰富，但由于地质条件复杂，煤层气气藏有着自身特殊的成藏规律和成藏过程，具体煤层气气藏分布规律如下：

(1) 变质程度较高的煤在我国占有较大的储量，其生气量大，煤层气吸附力强，含气量较高，特别是高变质无烟煤煤层气气藏富集，如沁水盆地。

(2) 煤层气高产富集区多位于盆地斜坡，呈带状展布。高产富集区在我国华北地区呈带状组合，富集区与贫气区相间分布，如沁水盆地、太行山东麓。

(3) 我国煤层气资源的富集和保存受控于构造背景为主导的区域地质动力条件的匹配。构造格局控制煤层、煤阶的展布；保存条件控制着煤层气的散失与聚集。

(4) 我国煤层气储集层渗透率普遍偏低，大多小于 1 md。

1.5　煤层气的赋存状态

煤层气一般以游离、吸附和溶解三种状态赋存于煤层内。其中，多数以吸附状态和游离状态赋存于煤层及其围岩中，少量溶解于煤层水中。在煤化作用过程中生成的气体，首先满足吸附条件，然后是溶解和游离析出。

吸附态气体量与煤层的孔洞和裂隙直接相关。煤层内部存在许多大小不同的孔洞和各种裂隙，因而煤储层对煤层气的容纳能力远远超过其自身孔隙体积。煤层孔洞根据其孔径分为微孔、中等孔和粗孔，通常孔径小于 1.2 nm 的称为微孔，大于 30 nm 的称为粗孔，介于二者之间的称为中等孔。依据煤中裂隙形成的原因，可将煤层裂隙划分为内生裂隙和外生裂隙。其中，内生裂隙可以顺层面、垂直层面及斜交层面而生。煤层的孔隙、裂隙内表面具有吸附大量煤层气的能力，所以甲烷、较重的烃烷、氮和二氧化碳多集聚于煤层中。在煤物质中甲烷分子可以相当密集地堆集，呈近似液态的状态。

另外，煤的吸附能力因煤化作用程度不同而不同。比如，烟煤对甲烷的吸附量约为 20 m^3/t，氮气为 10 m^3/t，二氧化碳为 30 m^3/t。

游离状态的煤层气，以自由气体分子存在于煤层的裂隙中，并可自由运动。煤层气在裂隙网络中呈游离状态运移，其动力是压力。

一般情况下，游离状态的煤层气一般占 10%～20%；吸附状态的煤层气，在煤的裂隙及微孔洞的内表面以分子吸引力吸附，这种赋存状态的煤层气体往往占 80%～90%。在一定的温度和压力条件下，三种状态的气体处于动态平衡体系中，当压力和温度变化时，彼此可以相互转化。当压力增加、温度降低时，一些游离状态的煤层气较多地变为吸附状态；反之，则相反。因此，这是一种可逆的过程。在一定条件下，被吸附的气体分子与煤的内表面脱离为游离状态，称为解吸。

我们通常所说，煤层气含量或煤层瓦斯含量是指单位体积或单位质量煤内游离状态与吸附状态煤层气之和。它代表了煤化作用过程中产生的煤层气量与历经地质时间所丢失的煤层气量之差。在实验室条件下，煤层气含量是指标准状态下(即在 0 ℃和 101.3 kPa)每吨或每立方米的煤内所含的煤层气量。但实践中多指煤层在具体的瓦斯压力条件下所含的煤层气量。同一煤层在不同温度、相同瓦斯压力条件下，所含的煤层气量数值不同。

煤层气在煤层中的赋存状态会因外界条件的改变而发生变化，所以在测定煤的含气量时，按采集气样的过程和测定方法不同，可将其划分为逸散气、解吸气和残余气。其中，逸散气是指在采集过程中，由于压力、温度等变化而发生解吸所逃逸掉的煤层气；解吸气是指样品在密封后，在与解吸装置连通进行解吸测定而得出的解吸气量；残余气则是指经解吸后残留的部分气量。在开采煤层气时，逸散气和解吸气是可以采出的。煤层的含气量为逸散气量、解吸气量与残余气量之和。

煤层气各赋存状态计算方法如下：

(1) 溶解态

煤层气储层多是饱含水的，在一定的地质条件下，必定有一部分煤层气要溶解其中，其溶解度可用亨利定律描述：

$$p_b = K_c C_B \tag{1-1}$$

其中，p_b——溶质在液体上方的蒸汽平衡压力，Pa；

C_B——气体在水中的溶解度，mol/m^3；

K_c——亨利常数。

甲烷在水中的溶解度主要取决于水的温度、矿化度、环境压力和气体成分。

(2) 游离态

煤的孔隙或裂隙中有一部分自由气体称为游离态气体，这种赋存状态符合气体方程。对于像煤层气这样的真实气体可用范德瓦尔斯方程描述：

$$\left(p + \frac{M^2 a}{\mu^2 V^2}\right)\left(V - \frac{M}{\mu}b\right) = \frac{M}{\mu}RT \tag{1-2}$$

其中，a，b——常数，可由实验求得；

μ——摩尔质量，kg/mol；

p——压力，Pa；

T——绝对温度，K；

M——气体质量，kg；

R——摩尔气体常数。

游离气量的大小主要取决于孔隙体积、温度、气体压力和气体压缩系数。

(3) 吸附态

煤层中煤层气含量远远超过其自身孔隙的容积，用溶解态和游离态无法解释这一现象，因此必然存在其他赋存状态，即吸附态。

1.6　煤层气资源的特点

煤层气资源的显著特点主要体现在两个方面。

1.6.1　以吸附态为主要赋存状态

对常规天然气来讲，赋存状态取决于储层特性和赋存条件，其储层以砂岩、灰岩为主，赋存于空隙之中，在常规的压力和温度条件下，主要呈游离态；而煤层气则是赋存于煤层之中，由于煤层是一种特殊的储层，对甲烷具有极强的吸附能力，故以吸附态为主。煤对甲烷的最大吸附容量为 10～50 m^3/t，通常用朗缪尔(Langmuir)体积来表征,如图 1-1 所示。

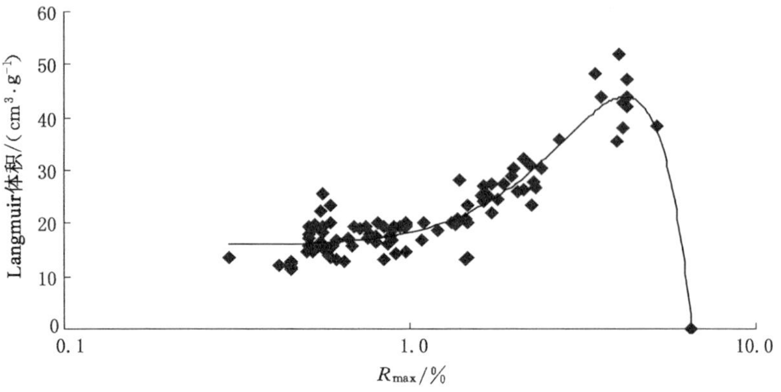

图 1-1　煤对甲烷的吸附量图

事实上,在一定储层条件下的煤层气主要为吸附态甲烷的结论早已被大量的等温吸附实验(如图 1-2 所示)和煤层气开发实践所证实。其证据有三。

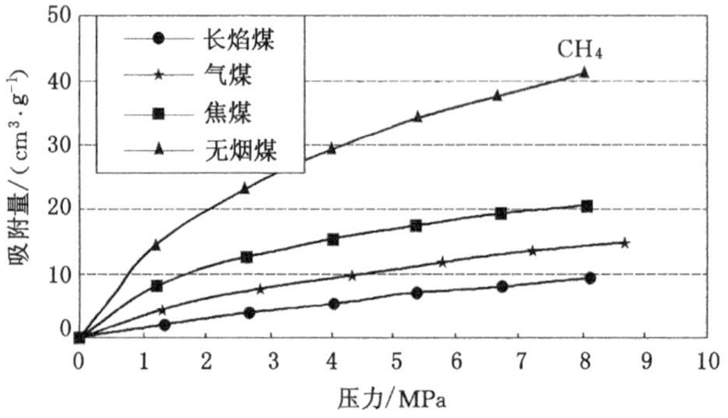

图 1-2　煤层气等温吸附曲线

(1) 通过将实测煤层气含量数据与等温吸附实验所获得的理论吸附量进行对比发现,绝大多数样点的煤层气吸附饱和度处于吸附欠饱和或接近饱和状态,很少有吸附过饱和状态,这一事实充分证明煤层气的赋存状态以吸附为主。

(2) 尽管煤层孔隙及裂隙中充满了水,但水溶甲烷量相对实测煤层气含量值而言微不足道。水对甲烷的溶解实验表明,在通常煤储层温度、压力和矿化度条件下,每升水所能溶解的甲烷也不过 0.05～3.11 L(如表 1-1 所示)。若煤层孔隙按煤层体积的 30%(此假设值远大于实际情况)计算,每吨煤最多也只有 0.25 m^3 的水;用最大溶解度 3.11 L/L 计算,每吨煤最多溶解甲烷只不过是 0.75 m^3。

(3) 煤层气开发实践进一步证实,几乎所有煤层气井都在排水降压一段时间之后才开始产气,不具备游离气产出的特征。

表 1-1　不同温度、压力和不同矿化度条件下水对甲烷的溶解度

水的条件矿化度 /(g·L^{-1})	温度/℃	压力/MPa						
		1	2	3	5	7	10	15
蒸馏水	20	0.43	0.51	0.94	1.53	1.83	2.45	3.11
	40	0.43	0.51	0.89	1.29	1.65	2.12	2.88
	60	0.47	0.60	0.93	1.29	1.63	2.12	2.69
	80	0.46	0.74	0.91	1.33	1.59	2.04	2.42
0.5	20	0.21	0.63	1.04	1.42	1.97	2.38	2.83
	40	0.22	0.45	0.75	1.29	1.61	2.26	2.17
	60	0.35	0.58	0.75	1.03	1.34	1.74	2.38
	80	0.58	0.87	0.97	1.30	1.53	2.05	2.50
1.05	20	0.15	0.44	0.72	1.24	1.60	2.18	2.73
	40	0.21	0.43	0.63	1.15	1.43	2.02	2.57
	60	0.31	0.56	0.68	1.03	1.39	1.84	2.54
	80	0.45	0.89	1.08	1.31	1.50	2.06	2.63
2	20	0.05	0.37	0.67	1.14	1.60	2.00	2.05
	40	0.22	0.38	0.60	0.97	1.34	1.52	2.02
	60	0.31	0.49	0.74	1.07	1.35	1.75	2.29
	80	0.50	0.71	0.83	1.28	1.54	1.78	2.47
6	20	0.10	0.34	0.70	1.23	1.57	2.05	2.52
	40	0.22	0.38	0.60	0.97	1.34	1.52	2.02
	60	0.31	0.49	0.74	1.07	1.35	1.75	2.29
	80	0.50	0.71	0.83	1.28	1.54	1.78	2.47

表 1-1(续)

水的条件矿化度/(g·L^{-1})	温度/℃	压力/MPa						
		1	2	3	5	7	10	15
30	20	0.13	0.24	0.60	1.03	1.43	1.84	1.98
	40	0.20	0.39	0.60	0.92	1.30	1.61	1.79
	60	0.25	0.58	0.74	0.98	1.29	1.64	1.90
	80	0.51	0.83	0.92	1.31	1.42	1.95	2.31
60	20	0.10	0.28	0.33	0.90	1.12	1.47	1.96
	40	0.20	0.32	0.47	0.73	1.02	1.32	1.60
	60	0.22	0.50	0.64	0.88	1.12	1.53	1.76
	80	0.46	0.84	0.89	1.14	1.56	1.64	1.97

资料来源：牛冲槐，张永胜. 中国煤层气产业发展研究[M]. 北京：知识产权出版社，2016.

1.6.2 典型的自生自储式非常规天然气资源

煤本身是一种有机碳含量极为丰富的有机源岩，在其成岩、煤化作用过程中生成大量以甲烷为主的烃类物质。由于煤本身具有极强的吸附性能，加之甲烷与煤的有机质又具有较强的亲和力，因此煤的演化过程中所生成的甲烷气体被吸附在煤的各类不同级别孔隙的内表面，以吸附态赋存于煤层之中。这一演化、生气、吸附过程使得煤层气在一定的温度和压力条件下得以富集。

1.7 煤层气、天然气、页岩气的比较

一般情况下，专业上把天然气称为“常规天然气”，而把煤层气与页岩气称为“非常规天然气”，其本质都是“天然气”即天然形成之气，它们都是由被埋藏于沉积地层中的古老生物遗体，通过地质作用形成的化石燃料，都是自然形成的洁净、优质能源。常规天然气(natural gas)是一种多组分的混合气态化石燃料，主要成分是甲烷，另有少量乙烷、丙烷和丁烷，成分相对复杂，相对密度约为 0.65，比空气轻，具有无色、无味、无毒之特性。煤层气(coalbed gas)俗称“瓦斯”，主要成分是甲烷，成分较简单，基本上未运移出煤层，以吸附、游离状态赋存于煤层及其围岩中，其热值是通用煤的 2～5 倍，燃烧后几

乎没有污染物。页岩气(shale gas)是从页岩层中开采出来的天然气，成分以甲烷为主。

煤层气与天然气主要不同之处有以下四个方面：

(1) 储集机理不同：常规天然气是以游离状态储集在储层的孔隙空间当中，在气源充足的情况下，其聚集量主要与孔隙空间的大小有关。煤层气则以吸附状态赋存在孔隙的表面之上，其聚集量与煤层的吸附性密切相关。

(2) 成藏过程不同：常规天然气由源岩生成后，经过一定距离的一次运移和二次运移后在储层中聚集成藏，运移方向受流体动力场控制，即天然气主要是在浮力和流体压力的驱使下运移；煤层气由煤源岩生成之后直接被煤储层吸附而聚集，这种聚集不受流体动力场的控制而受温压场的控制。

(3) 气藏边界不同：常规天然气有明显的气藏边界，并且气藏边界内外天然气含气是具有“有”和“无”的质的变化；而煤层气气藏与常规天然气气藏最大的区别之一就是气藏边界不确定，只要有煤就有煤层气的存在，在某些地质条件下，煤层气相对富集形成煤层气气藏。因此，煤层气气藏内外是含气丰度的差别，而不是有气和无气的差别。

(4) 流体状态不同：常规天然气气藏和煤层气气藏都有气、水两相存在，但二者所处的状态不同。常规天然气气藏一般以气相为主，即储集空间被游离的气相所占据，存在少量束缚水，水主要以边水和底水的形式存在于气藏的边部和底部，具有统一的气—水界面；而煤储层中大的孔隙空间主要是被水所占据，水中含有一定量的溶解气，部分孔隙中存在游离气相，气藏中的大部分气体以吸附相存在(占 80%以上)，即煤层气气藏中有吸附气、游离气和溶解气三种存在形式。

天然气、煤层气、页岩气三者之间的差异性存在于三个方面：

(1) 存储介质不同。常规天然气以游离赋存为主，蕴藏在地下多孔隙岩层中，主要存在于油田和天然气田，也有少量出于煤田。煤层气赋存特点是在成煤的过程中以吸附在煤基质颗粒表面为主、部分游离于煤、围岩孔隙中或溶解于煤层水中的烃类气体。页岩气成藏的生烃条件及过程与常规天然气相同，页岩气气藏具有自生自储的特点，页岩既是烃源岩又是储岩。

(2) 开采方式不同。常规天然气开采时一般采用自喷方式采气、排水式采气，开采技术较简单；煤层气开采一般采用地面钻井开采和井下瓦斯抽采系统抽出，相对天然气而言开采难度增大；页岩气开采与煤层气和天然气相比难度最大，因为页岩气储集层渗透率低，主要通过地面钻井方式。

(3) 开采技术不同。页岩气开采需要大规模水力压裂，主要采取水平井技术和多层压裂技术；而煤层气开采既可能需要水力压裂或二氧化碳驱替，也可能在常规技术条件下生产。

总之，煤层气埋藏较浅，就在煤层中；页岩气埋藏较深，需要干酪根即生气源，且要上覆地层能封住。页岩气与煤层气、天然气比较而言，具有开采寿命长和生产周期长的优点，且分布范围广，厚度大，能够长期稳定产气，但前提是自然裂缝发育。因而，目前页岩气的开采技术发展较快。

1.8 煤层气开发基本模式

1.8.1 煤层气开发理念的发展

煤层气开发起源于英国。1733 年，英国一家煤矿首次进行了煤矿瓦斯抽采和管道输送的尝试。1844 年将一个发生过瓦斯爆炸事故的矿井采空区的瓦斯抽采至地面。19 世纪后期，英国的威尔士开始进行从煤层中抽排瓦斯的实验。目前，英国生产矿井中 45%的甲烷通过管道抽排到地面进行利用。而 20 世纪 40 年代，德国的一座煤矿首次大规模利用瓦斯。

新中国的煤矿井下瓦斯抽采始于 20 世纪 50 年代。1952 年，煤炭部率先在辽宁的抚顺矿务局龙凤煤矿进行了井下瓦斯抽采试验并获得成功。经过数十年的发展，我国煤矿井下瓦斯抽采由最初为保障煤矿安全生产的“抽采”发展到“抽采—利用”，之后又进一步发展为“抽采—利用—环保”的商业理念。

20 世纪 90 年代，随着美国煤层气地面开发技术的传入，我国煤层气地面勘探和开发工作逐步出现热潮，先后在众多地区进行不同目的的煤层气地面开发试验。煤层气勘探开发领域开始倡导所谓的“资源—安全—环境”的商业理念。

由于山西沁水盆地晋城地区的煤层气开发取得商业性突破和煤矿瓦斯灾害越来越严重，煤层气开发与煤炭开采的关系越来越受到关注。我国逐步提出了“先采气、后采煤、采煤采气一体化”的煤层气开发的“安全—资源—环境”新理念。

1.8.2 煤层气开发模式

根据我国煤矿区煤层气抽采现状、储存及涌出特点，煤层气开发模式可分为三大类。

模式一：煤矿井下抽采。煤矿井下煤层气抽采就是借助煤炭开采工作面和巷道，通过煤矿井下抽采、采动区抽采、废弃矿井抽采等方法开采煤层气资源。我国煤矿井下抽采是从 20 世纪 50 年代开始的，当时辽宁、山西等有 6 个矿井抽采煤层气。1952 年我国首次在辽宁抚顺矿务局龙凤煤矿进行煤矿井下瓦斯抽采试验并获得成功。此后，我国在大量的煤矿中进行了瓦斯抽采利用。21 世纪以来，我国高瓦斯重点矿区基本上都建起了井下抽采系统和地面输配气系统。我国煤矿井下煤层气资源开发的最初形式是以解决煤矿瓦斯灾害为动机的“煤矿井下瓦斯抽放”，通过煤矿井下施工钻孔甚至巷道进行负压抽放。具体来讲，当煤层采动以后，破坏了原岩石力学平衡，造成了煤层瓦斯的卸压，由于瓦斯气体 90%以上以物理吸附状态存在于煤层中，为了继续保持平衡，通过人工改造使煤层中的瓦斯处于密闭系统，从而持续维持卸压区域。这样，煤层瓦斯将源源不断被抽出。但煤矿井下煤层气抽采要满足两个条件：一是小范围内要有足够的煤层气资源；二是煤层气透气性要好。到目前为止，我国煤矿瓦斯抽采已由最初的以保障煤矿安全为目的“瓦斯抽放”发展为“抽采—利用—环保”。

煤层气井下抽采按抽采对象分为开采后抽采、邻近层抽采、围岩抽采和采空区抽采；按抽采方法分为钻孔法抽采、巷道法抽采、混合法抽采和地面直井抽采；按抽采时序分采前预抽、边掘边抽、边采边抽和采后抽采。

模式二：煤层气地面钻采。煤层气地面钻采就是利用垂直井或定向井技术来开采原始储层中的煤层气资源。在 20 世纪 70 年代末至 80 年代初，美国开始试验用常规油气井（即地面钻井）方法开采煤层气并取得成功。为探索超前解决煤矿瓦斯灾害的途径，美国煤矿业主邀请石油服务公司利用常规油气开发技术从地面施工直井，通过洞穴完井或水力压裂改造，实现了从地面抽采瓦斯的重大突破。具体来说，当储层压力降低到临界解吸压力以下时，甲烷气体从煤基质微孔隙内表面解吸出来，由于瓦斯浓度差异而扩散到煤的裂隙系统，最后以达西流形式流到井筒。因此，地面钻采煤层气能否成功的决定性因素在于煤层气是否能降压解吸。解吸是煤层气进行地面钻采的前提，降压是解吸的前提。在各种政策的扶持和鼓励下，美国开始了大规模的煤层气资源商业开发。此后，澳大利亚、英国、印度等多国进行了煤层气地面开发。我国在进入21世纪后开始进行煤层气地面开发，目前在山西沁水盆地和鄂尔多斯盆地东缘初具规模。

地面煤层气开发一般遵循两个原则：

原则一：从布井密度上，一要考虑单井的抽采效果；二要考虑允许抽采的时间；三要考虑尽量使煤层瓦斯含量均匀地降低。

原则二：从煤炭安全开采角度上，一要考虑避让井下采掘巷道和井筒硐室；二要尽量使采面抽采时间长、抽采效果好；三要考虑在抽采全程中，尽量一井多用。

煤层气地面开发有垂直井开发（包括洞穴完井、射孔压裂和裸眼扩孔）、定向井开发（包括水平井、丛式井和多分支水平井）和采动区井抽采，通过注气（主要是二氧化碳和氮气）来提高采收率。

模式三：采煤采气一体化抽采。采煤采气一体化就是通过地面钻井与井下顺煤层长钻孔预抽，以及边采（掘）边抽与采空区抽采相结合的单一中厚煤层煤层气综合治理与利用模式，实现煤炭与煤层气开采的一体化。也就是采空区、生产区和规划区三区联动立体抽采（如表1-2所示），主要是为解决煤矿规划区、准备区、生产区煤层气（煤矿瓦斯）抽采与煤矿采掘的时空接替矛盾，实现三区抽采的有序接替。在时间上，保持瓦斯预采与矿井的开发协调一致，形成地质勘探、地面预抽、矿井建设、煤炭开采、采中抽采、采后抽采的煤与煤层气开发的科学序列；在空间上，保证地面煤层气抽采井位的布置与矿井开拓与采掘布置衔接相适应；在功能上，努力实现煤层气井“地质勘探、采前抽、采动抽、采后抽”一井多用。目前山西晋城无烟煤矿业集团有限公司的煤矿区三区联动立体抽采模式应用比较成功，其煤层气广泛应用于发电、民用燃气与采暖、汽车燃料、工业燃料等领域，实现了产业化运营，进入了商业化经营阶段，在国内煤层气产业界起到了示范效应。

实行采煤采气一体化抽采，首先要进行统筹规划，坚持煤炭资源与煤层气资源共采的原则；其次要落实好国家提出的“先采气后采煤，煤气共采”原则，加强采煤企业与采气企业间的协调工作；最后实行井下抽采与地面开发并举原则，分区实施。采煤采气一体化要求创新抽采技术，目前实施的抽采技术有地面煤层气预抽采技术、井下区域递进式预抽采技术和双系统抽采技术等。其中,在地面煤层气预抽采技术方面,掌握了具有自主知识产权的清水钻井、活性水压裂、定压排采、低压集输的煤层气开发技术及工艺,突破了无烟煤不利于地面钻井煤层气开发的“禁区”;在井下区域递进式预抽采技术方面,推广使用定向千米钻机施工长钻孔,形成一个较大范围的瓦斯预抽采区域,一个预抽采区域至少应涵盖一个工作面,实现井下抽采瓦斯与煤炭开发的最佳结合,并在工作面巷道掘进过程中,通过工作面巷道向邻近工作面打钻,提前开始预抽采,抽采区域不仅包括邻近工作面,也要包括与邻近工作面相邻的巷道条带,从而为下一个工作面的布置与预抽采创造条件;在双系统抽采技术方面,强化本煤层抽采降低瓦斯含量,进行采空区抽采分源治理瓦斯。

表 1-2　采煤采气一体化三区对比

抽采区域	煤矿规划区	煤矿准备区	煤矿生产区
抽采条件	瓦斯含量>16 m^3/t,至少提前5～8 a实施地面钻井预抽采煤层瓦斯	瓦斯含量8～16 m^3/t,提前3～5 a或更长时间,采用井下千米钻机的钻具实施大面积区域递进式预抽采煤层瓦斯	瓦斯含量<8 m^3/t,采用边抽边采掘,采空区抽采,加强通风、监测监控等综合措施治理采掘中出现的瓦斯
技术体系	地面开发直井或丛井或水平井	地面与井下联合抽采或井下区域递进式预抽采	井下抽采或采空区抽采

1.8.3　我国煤层气勘探开发方式

我国煤层气产业经过多年发展,已初步建成沁水盆地和鄂尔多斯盆地东缘两大产业化发展基地,根据煤储层特性的不同,形成了高煤阶煤煤层气、中低煤阶煤煤层气、低煤阶煤煤层气、深部煤层气、高应力多煤层煤层气等多样式的开发方式。

1) 高煤阶煤煤层气开发方式

我国高煤阶煤煤层气主要分布在沁水盆地,以柿庄南区块和樊庄—郑庄区块为代表,开发方式主要采用直井和水平井。近些年针对低产低效井采取了一系列改造措施,取得了明显增产效果。

(1) 水平井

多分支水平井在地质条件合适地区，是一种高效钻完井技术，产量相较直井高几倍，同时可以缩减钻前和地面管线的投入成本。沁水盆地南部高煤阶煤煤层气就是通过水平井实现技术转型升级，促进了煤层气产量稳步增长。其中潘庄区块，早期以多分支水平井为主体开发技术，目前以单分支水平井为主要开发技术，并采用玻璃钢筛管和钢制筛管完井，年产量达到 $5.06\times10^{8}\ m^{3}$，累计产气 $18.7\times10^{8}\ m^{3}$。多分支水平井最高时单井平均日产气量达到 $2.8\times10^{4}\ m^{3}$；单支水平井平均单井日产气量达到 $1.07\times10^{4}\ m^{3}$。

樊庄区块以多分支水平井为主，单井日产气 $(0.5\sim6.3)\times10^{4}\ m^{3}$。近年来基于裸眼多分支水平井疏导模式，探索了水平井增产技术，形成了可改造、可维护水平井钻完井技术。试验结果显示，效率和产量提升十分明显。

(2) 直井

高煤阶煤煤层气直井开发以沁水盆地柿庄南区块和樊庄—郑庄区块为代表。柿庄南区块现已建成年产能 $6\times10^{8}\ m^{3}$ 的高煤阶煤煤层气开发示范基地，日产量达到 $60\times10^{4}\ m^{3}$。近年柿庄南区块直井低产井提出增产技术开发的新课题，主要措施是针对低产井进行了一系列增产改造技术，如憋压洗井、氮气解堵试验、水力射流泵排采都取得了较好的效果。樊庄—郑庄区块对200多口低产井实施多段加砂压裂工艺、顶板压裂工艺、水力喷射造穴等增产措施，使得产量成倍上升。

2) 中低煤阶煤煤层气开发方式

中低煤阶煤煤层气开发主要集中在鄂尔多斯盆地东缘。经过多年探索，我国中低煤阶煤煤层气勘探开发技术体系已成型，促进了鄂尔多斯盆地东缘煤层气产业化基地建设，推动了国内中低煤阶煤煤层气的发展。中低煤阶煤煤层气主要以保德区块、柳林区块和韩城区块为代表。中低煤阶煤煤层气在技术方面大力推广丛式井、低伤害完井、水平井筛管完井、可控隐形破胶清洁压裂液、高效支撑压裂等技术。同时针对老区低产井，通过加深对地质工程认识，提出加密井网、补层压裂、重复压裂等改造措施。

保德区块建立了中低煤阶煤富集机制及模式，现已建成 $7.7\times10^{8}\ m^{3}$ 的中低煤阶煤煤层气开发示范基地，也是我国首个“同沟敷设、气水分输、集中处理”的中低煤阶煤煤层气田，日产量达到 $155\times10^{4}\ m^{3}$，单井平均日产气量达到 $2\ 300\ m^{3}$，年生产能力 $5.5\times10^{8}\ m^{3}$。

柳林示范区位于鄂尔多斯盆地东缘的中部，为适应柳林黄土塬复杂地貌条件及山西组 3+4 号和 5 号煤层合采，首创了斜井连通的多煤层多分支水平井钻井和完井技术，有效提高了单井产量，降低了单井成本。

韩城区块在没有中煤阶煤煤层气开发经验的情况下，边建产、边摸索、边深化、边提高，经过持续不断的努力，区块建成产气井 680 口，最高日产气量 $52\times10^4\ m^3$，成为我国首个中煤阶煤煤层气开发区。近年针对韩城区块开发井网不够完善、长排低产井较多等突出问题，区块深化地质和工程认识，提出完善开发井网、改进储层改造新工艺、推广补层压裂等增产措施，有效地提高低产井产量。其中 2013 年底至 2016 年，先后对 59 口井进行补层压裂，补层压裂后日单井平均产气量由 213 m^3 上升到 1 176 m^3。但由于是在老区进行压裂作业，在压裂过程中压穿和波及邻井的概率极大，对压裂工艺和压裂施工挑战极大。

3）低煤阶煤煤层气开发方式

国内低煤阶煤煤层气资源量丰富，达 $10.3\times10^{12}\ m^3$，占全国煤层气总资源量的 35%，开发潜力巨大。但我国低煤阶煤煤层气开发面临着地质条件复杂、不同构造演化背景煤层气富集机制差异大的困境。在勘探开发方面主要面临三大技术问题：一是低煤阶煤煤层气主要为生物成因气，生物气生气机理和潜力不明；二是中高煤阶煤含气量测试方法不适合低煤阶煤煤层；三是国内低煤阶煤煤层渗透率低，国外低煤阶煤煤层气开发技术不适合。

近年来依托国家重大科技专项项目等的科研攻关，开展了低煤阶煤煤层气成因、含气量测试、成藏主控因素、低煤阶煤储层改造工艺等研究，初步形成了我国“低煤阶煤煤层气富集理论”，指导了新疆准噶尔盆地南缘、库拜盆地和内蒙古二连盆地低煤阶煤煤层气勘探，并取得显著成果。

准噶尔盆地南缘建成了低煤阶煤煤层气开发先导试验区，代表了煤层气开发一个新领域的诞生。其中阜康先导试验区钻井 116 口，产气井 92 口，日产量为 $21\times10^4\ m^3$，最高单井产量 3 000 m^3/d；乌鲁木齐河西先导试验区钻井 23 口，产气井 9 口，产气量 $1.2\times10^4\ m^3/d$，单井日产气量最高超过 4 600 m^3。

塔北库拜盆地钻井 30 余口，直井最高产气量 4 720 m^3/d，水平井日产气量超过 6 000 m^3。

在二连盆地吉尔嘎郎图低煤阶煤的煤层气勘探也取得重要进展，其中吉煤 4 井应用填砂分层、低浓度瓜胶压裂技术，首次在该区取得重大突破，证实低含气量、厚煤层的低煤阶煤可以获得煤层气工业气流，开辟了我国 $10 \times 10^{12}\ m^3$ 低煤阶煤煤层气资源勘探开发新领域。

1.9 煤层气主要用途

煤层气作为非常规天然气，其热值为通用煤的 5 倍左右，其热值与天然气相当，可以与天然气混输用，而且燃烧后很洁净，几乎不产生任何废气，是上好的工业、发电和民生燃料以及化工原料。因此，煤层气既可以用作民用生活燃料、工业燃料、发电燃料，也可液化为汽车燃料，还可以用作重要的化工原料，用来生产合成氨、甲醛、甲醇、炭黑等，是一种热值高的洁净能源和重要原料，用途非常广泛，开发利用前景十分广阔。据测算，每标方煤层气大约相当于 9.5 kW·h 电、3 m^3 水煤气、1 L 柴油、接近 0.8 kg 液化石油气、1.1～1.3 L 汽油、1.21 kg 标准煤。不同浓度煤层气的主要使用情况如表 1-3 所示。

表 1-3　不同浓度煤层气使用情况

中高浓度煤层气	甲烷＞40％	民用燃料
		工业燃料
		煤层气液化
	甲烷＞30％	发电
		浓缩富集
低浓度煤层气		细水雾输送及低浓度发电
矿井乏风中甲烷		混燃发电及热逆流反应技术

资料来源：陈贵锋. 煤层气利用现状及发展趋势[R]. 北京：煤炭科学研究总院，2009.

目前，我国煤层气利用以地面抽采煤层气为主。从地域角度来看，煤层气利用集中在山西境内，基本遵循“就地利用，余气外输”的原则。地面抽采煤层气利用方式包括就近民用或用于生产 LNG、CNG 或经过提纯脱水后直接进入天然气管网，浓度基本要求大于等于 90％。

就近民用是煤层气利用的重要方式。地面抽采煤层气浓度一般较高，与天然气十分接近，使用与天然气无差异，不需定制专用燃气设备。煤层气集输后，经过简单脱水、除尘和调压处理进入气柜，然后进入输气管道。就近民用方式的不足之处在于辐射范围小，利用规模受限于附近区域居民数量，若煤层气供应量远大于居民用气量，则需要同时采用其他利用方式。

LNG或CNG是煤层气利用的主要方式。煤层气液化（LNG）或压缩（CNG）后，体积将大大缩小，方便运输，可以在更远的范围进行销售和使用，可用作汽车燃料（LNG汽车或CNG汽车）或作为分布式能源使用。

CH_4体积分数大于等于95%的煤层气基本直接进入天然气管网或煤层气管网销售。

从地面煤层气气源量角度来说，对于气量较小的地面煤层气井，一般采用集输，通过撬装化装置处理使规模达到$(2\sim4)\times10^4$ m^3/d，再根据市场情况生产LNG或CNG，成本较为合理。比如，3×10^4 m^3/d的煤层气气源生产LNG，使用撬装化设计占地面积只需0.43 hm^2左右，投资回收期为3.83 a，综合成本（含折旧）为1.86元/m^3，利润约为0.70元/m^3，具有较好的回报率。

对于大型的煤层气气源，通常实行大规模的液化工厂（或可联产CNG）。比如，山西省国新能源发展集团有限公司“神池—原平—五台输气管道”集输工程，该项目气源来自陕京一线和保德、宁武煤田的煤层气，设计年输气能力4.95×10^8 m^3，建成100×10^4 m^3/d的煤层气液化调峰站场，占地面积13.47 hm^2，投资7.3亿元。

此外，瓦斯浓度达到50%以上的煤层气，可以利用催化脱氧液化、含氧直接液化、变压吸附、瓦斯发电等技术进行利用，比如采动区和采空区抽采的煤层气。

第二章 中国煤层气产业发展情况

2.1 世界煤层气产业发展概况

2.1.1 世界煤层气资源及开发现状

目前,全球 74 个国家赋存有煤层气资源。根据国际能源署(IEA)的估计,全球陆上煤田埋深浅于 2 000 m 的煤层气资源总量约为 268×10^{12} m^3,可供开采的煤层气储量已达 137.8×10^{12} m^3,其中 90%的煤层气资源分布在 12 个主要产煤国,即俄罗斯、加拿大、中国、澳大利亚、美国、德国、波兰、英国、乌克兰、哈萨克斯坦、印度、南非,煤层气资源量为 214.9×10^{12} m^3,如表 2-1 所示。俄罗斯、加拿大、中国、美国,澳大利亚等国煤层气资源量均超过 10×10^{12} m^3。从区域分布来看,世界煤层气资源主要分布在北美洲、俄罗斯/中亚和亚太地区。其中,北美地区占 35%,俄罗斯/中亚地区占 32%,亚太地区占 21%,欧洲占 10%,非洲占 2%(如图 2-1 所示)。已有 35 个国家开展了煤层气的开发利用研究工作,其中,美国、加拿大、澳大利亚、中国已形成煤层气产业化,尤以美国发展最早、商业化程度最成熟。

表 2-1 世界主要产煤国家煤层气资源量

国家	煤层气资源储量/Tm^3	煤炭资源储量/Tt
俄罗斯/中亚地区	17～113	6.5
加拿大	17.9～76	7
中国	36.81	5.6
美国	11.3～21.19	3.95
澳大利亚	10～14	1.7

表 2-1(续)

国家	煤层气资源储量/Tm^3	煤炭资源储量/Tt
德国	2.8	0.326
波兰	2.8	0.16
英国	1.6	0.19

数据来源:2013 年太原煤层气会议。

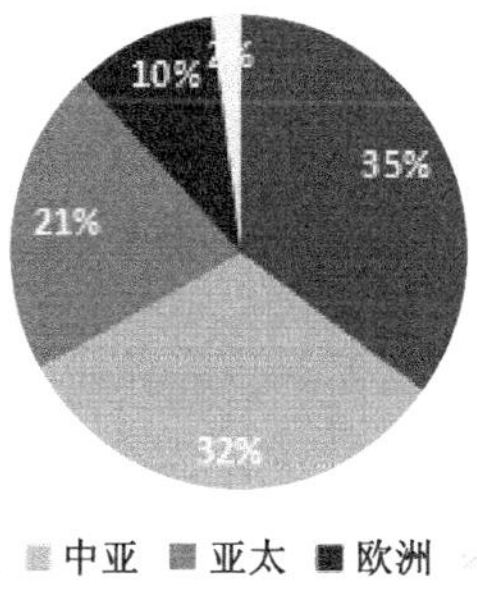

图 2-1　世界煤层气资源分布比例

俄罗斯/中亚地区煤层气资源量居世界第一,为$(17\sim113)\times10^{12}$ m^3。其采煤工业主要集中在 4 个煤田,煤层气资源储量(1 800 m 埋深以内)约为 16.17×10^{12} m^3。其中,顿涅茨克煤田(位于乌克兰和俄罗斯)为 1.2×10^{12} m^3,卡拉干达煤田(位于哈萨克斯坦)为 0.5×10^{12} m^3,库兹涅茨克煤田(位于俄罗斯)为 13.1×10^{12} m^3,伯朝拉煤田(位于俄罗斯)为1.9×10^{12} m^3。

加拿大煤层气资源量非常丰富,居世界第二,17 个盆地和含煤区煤层气资源量为$(17.9\sim76)\times10^{12}$ m^3,其中阿尔伯达地区是加拿大最主要的煤层气资源基地,拥有煤层气资源量约为 15.4×10^{12} m^3。

美国的煤层气资源量为$(11.3\sim21.19)\times10^{12}$ m^3,全美含煤盆地大约有 15 个,已有 13 个进行了资源评价,这 13 个盆地可分为东部盆地和西部盆地两类,分别以黑勇士盆地和圣胡安盆地为代表,其中西部大盆地拥有美国煤层气资源的 70%以上。

澳大利亚的煤盆地主要分布在东部沿海地区,而主要城市和工业区也在东部沿海地区,因此煤层气的开发和利用具有巨大的潜在市场。澳大利亚估算煤层气资源量为$(10\sim14)\times10^{12}$ m^3,其潜在开发地区主要在东部 4 个二叠纪煤盆地，即鲍恩盆地、悉尼盆地、加里里盆地和莫尔顿～苏拉特盆地。

印度煤炭资源丰富，多赋存于二叠纪和古近纪、新近纪地层。其中位于佩宁苏拉的冈瓦纳盆地储量最多，约占全国的一半以上。在泰米尔纳德邦沿海一带和古吉拉特邦坎贝盆地，还分布着一些褐煤田。在 1 200 m 以浅的 2 046×10^8 t煤炭储量中，褐煤占 3.3×10^8 t。煤中甲烷含量随煤层碳化程度、埋藏深度和地质条件变化而不同，最具开发潜力的地区位于加尔各答西北 161 km 的达莫尔河谷盆地，面积约 6 500 km^2，煤层厚 3～18 m，煤层气资源量为 10^{12} m^3。印度煤层气的潜在生产区都远离天然气的生产区，而且也远离煤矿的采煤区，这既有利于煤层气的市场开发，也不会影响煤矿的生产作业。

2.1.2 世界主要产煤国家煤层气产业发展状况

随着国际油价持续攀升，世界常规能源供给形势日益严峻，国际上逐渐把发展非常规能源作为 21 世纪能源发展的主要议题。煤层气的开发利用具有热值高、污染少、安全性高的特点，完全可以成为石油和天然气等常规能源的重要补充。

煤层气开发是一项前期投入高、技术要求高的新兴行业，世界主要煤层气利用国基本集中在美国、俄罗斯、澳大利亚、加拿大及欧洲部分发达国家。美国是世界上开采煤层气最早和最成功的国家，煤层气商业化开发利用在全世界具有积极的示范作用。加拿大、澳大利亚、中国和印度等国家已开始重视煤层气的勘探和开发试验，并在煤层气资源的勘探、钻井、采气和地面集气处理等技术领域取得了重要发展。其中，澳大利亚等少数国家已进入了工业化开采阶段。目前，全球煤层气的日产量大约为 58×10^8 ft^3（约合 1.64×10^8 m^3），其中 90％以上的产量源自美国。

1）美国煤层气产业发展状况

美国煤层气产量居世界第一，煤层气资源量预估为 21.2×10^{12} m^3。在 20 世纪 70 年代以前，美国煤矿抽放煤层气主要是为了煤矿井下安全，从 20 世纪 70 年代末到 80 年代初，美国能源部开始投入较大力量进行煤层气开发利用研究和示范工程的建设，通过采煤前预抽和采空区抽采回收煤层气，并开始进行地面开采煤层气试验。1976 年，美国煤层气地面开发第一口井获工业气流，1980 年全世界第一个商业煤层气田——黑勇士盆地橡树林煤层气开发区建成投产，标志着美国煤层气工业进入起步阶段(也可以说是美国煤层气发展的突破期)。从此，美国天然气研究所和许多天然气公司开始了大规模煤层气商业性开发。目前，美国在圣胡安、黑勇士、北阿伯拉契亚、粉河、尤因塔、拉顿等盆地形成煤层气资源商业产能，煤层气资源产量从1983年的1.7×10^{8} m^{3}迅猛提高到1989年的26×10^{8} m^{3}，到1995年已达到250×10^{8} m^{3}，基本形成产业化规模。1997年美国煤层气年产量已超过320×10^{8} m^{3}，2005年产量达490×10^{8} m^{3}，在美国气体能源总量中占8%～10%，20年来产量平均递增近19%。2006—2018年连续7 a保持在500×10^{8} m^{3}以上，2009年高达560×10^{8} m^{3}。有关数据显示，美国迄今的煤层气产量累计已达到20多万亿立方英尺(约合6 000$\times10^{8}$ m^{3})，煤层气的开发利用取得了举世瞩目的成就，并形成一定的产业化规模。

截至2017年底，美国煤层气生产井近4万口，探明可采储量为2.5×10^{12} m^{3}，年产气量平均为538×10^{8} m^{3}，最高为560×10^{8} m^{3}。主要开发盆地有8个，即圣湖安、黑勇士、粉河、尤因塔、拉顿、阿巴拉契亚、皮申斯、阿科马盆地。目前，美国煤矿抽放出来的煤层气大部分都得到了利用，每年煤层气的回收、使用和销售就已达到550×10^{8} m^{3}，开采的煤层气除用于民用、发电和有少部分作为汽车燃料与化工原料外，大部分输入天然气管道系统，在一定程度上缓解了常规天然气供需紧张的局面。

美国现有15个主要的含煤盆地，埋深1 200 m以浅的煤层气资源量为11×10^{12} m^{3}，美国煤层气资源主要集中在西部的落基山脉中、新生代含煤盆地，包括拉顿盆地、皮申斯盆地、圣胡安盆地、粉河盆地、尤因塔盆地、西华盛顿盆地等，其煤层气资源量占美国煤层气资源总量的80%以上，其余有15%主要分布在东部的阿巴拉契亚含煤盆地(即北阿巴拉契亚、中阿巴拉契亚、黑勇士、卡霍巴等盆地)和中部的石炭纪含煤盆地中(见表2-2)。目前，美国有6个大的产气盆地，其中，低煤阶盆地有3个，分别为粉河盆地、尤因塔盆地和拉顿盆地；中煤阶盆地有2个，分别为圣胡安盆地和黑勇士盆地；高煤阶盆地有1个，为阿巴拉契亚盆地。圣胡安、黑勇士和粉河三个盆地已形成煤层气规模生产；煤层气勘探开发的新区有尤因塔、拉顿、中阿巴拉契亚煤盆地，其他有潜力的煤盆地也在积极开展煤层气勘探工作。

表 2-2　美国主要含煤盆地煤层气可采资源量

主要含煤盆地	煤层气可采资源量/Tm^3
西华盛顿	0.68
温德河	0.17
大绿河	8.89
尤因塔	0.28
皮申斯	4.1
圣胡安	2.38
拉顿	0.28
阿科马	0.11
黑勇士	0.57
切诺科	0.17
中阿巴拉契亚	0.14
北阿巴拉契亚	1.73
伊利诺斯	0.59
粉河	1.1

(1) 圣胡安盆地。圣胡安盆地位于美国西部科罗拉多州西南部和新墨西州西北部，面积约为 19 425 km^2，估算煤炭资源量为 3 248×10^8 t，煤层气可采资源量为 2.38×10^{12} m^3。圣胡安盆地的地质特点主要表现为煤层层厚面广、中高的气体含量、中高的煤阶、适度的煤层渗透率、中高的水产量、煤层超高压、煤层上下岩层的封闭性好等。因此，被认为是世界上最具有生产能力的煤层气盆地，该盆地煤层气产量约占美国煤层气总产量的 80%。

1953 年，由菲利普斯公司钻探的 6—17 井被认为是该盆地中第一口煤层气井。1977 年，由阿莫科公司钻探的 CAHN No. 1 井被认为是第一口以煤层为目的的煤层气井，该井煤层气的成功生产证实了圣胡安盆地煤层气开发的可行性。该盆地煤层气的生产始于 20 世纪 80 年代后期，在 90 年代产量迅速增加。1997 年，圣胡安盆地的煤层气产量达到 212.4×10^8 m^3，占美国当年煤层气产量的 74.8%；2000 年，煤层气产量占美国煤层气总产量的 80% 以上。2006 年圣胡安盆地大约有 4 500 口煤层气井在生产，年产煤层气 220×10^8 m^3。

(2) 黑勇士盆地。黑勇士盆地位于美国密西西比州东北部和亚拉巴马州西北部，轮廓大致呈三角形，面积约 15 500 km^2，是美国著名的产煤盆地，也是世界煤层气工业的发源地。该盆地煤层气资源量为 2.21×10^{12} m^3，煤层气可采资源量为 0.57×10^{12} m^3。自 1980 年 12 月橡树林(Oak Grove)煤层气田建成投产以来，黑勇士盆地已建成 18 个煤层气田，2006 年的煤层气产量已达到 25×10^8 m^3。

(3) 粉河盆地。粉河盆地位于美国西部的怀俄明州东北部和蒙大拿州东南部，处于落基山脉含煤盆地群，煤层为第三系，面积约 668 km^2，是美国新兴的煤层气开发基地之一，有利勘探面积约 50%，煤层气资源量为 3.34×10^{12} m^3，煤层气可采资源量为 1.1×10^{12} m^3，主要赋存在 1 000 m 以浅的煤层中。粉河盆地煤层厚度大、埋藏浅(煤顶埋深 138～460 m，含煤 32 层，厚度为 12～120 m)、煤阶低(R_o为 0.3%～0.4%)、含气量极低(0.57～3.42 m^3/t，平均 2.1 m^3/t)、高饱和(吸附饱和度 90%～100%)、渗透率非常高[(32～550)×10^{-3} μm^2]、封盖条件好，使得粉河盆地煤层的勘探开发费用很低，免去了煤层压裂和地面水处理的费用。

1986 年，WYATT 石油公司在该盆地钻探了第一口煤层气井，到 1998 年年底，共钻探 550 口煤层气井，盆地日产煤层气 249×10^4 m^3，单井平均日产量为 4 530 m^3。1997 年，粉河盆地煤层气产量为 3.6×10^8 m^3，到 2006 年年底，共钻探 16 000 口煤层气井，年产煤层气 140×10^8 m^3。2009 年，粉河低煤阶煤层气产量为 160×10^8 m^3。

(4) 拉顿盆地。拉顿盆地位于科罗拉多州东南部和新墨西哥州的东北部，为南北走向不对称的构造盆地，总面积约为 5 700 km^2，煤层气可采资源量为 0.28×10^{12} m^3。拉顿盆地煤层气开发目的层为上白垩系和古新世，煤层浅(煤层埋深 150～610 m)，煤层薄(煤层厚 3～12 m)，资源丰度为 0.51×10^8 m^3/km^2，高含气量(1.4～11.3 m^3/t)，以低煤阶褐煤为主(R_o一般<0.5%)，煤系地层含水，总矿化度低，一般小于 2 500 mg/L，半数井水的总矿化度小于 1 000 mg/L。1993 年，该盆地开始钻探第一批煤层气井。1997 年煤层气产量为 5.6×10^8 m^3；到 2006 年，拉顿盆地共有生产井 3 200 口，单井平均日产量为 2 500 m^3，年产煤层气 37×10^8 m^3。2009 年，拉顿低煤阶煤层气产量为 27×10^8 m^3。

(5) 尤因塔盆地。尤因塔盆地位于美国犹他州东北部，面积约 24 000 km^2，煤层气资源量为 0.56×10^{12} m^3。尤因塔盆地煤层气开发目的层为上白亚系弗德台地(Mesa verde)组，煤层浅(埋深 300～900 m)，煤层薄(煤层厚度 3～12 m)，资源丰度为 0.23×10^8 m^3/km^2，高含气量(4～12 m^3/t)，低煤阶(R_o为 0.5%～0.6%)，煤层高渗透率[(1～20)×10^{-3} μm^2]，煤系地层含水，总矿化度低。生产井超过 4 200 口，平均单井日产气 2 800 m^3。2009 年尤因塔低煤阶煤层气产量 40×10^8 m^3。

2）加拿大煤层气产业发展状况

加拿大煤层气资源量居世界第二。据统计，加拿大 17 个盆地和含煤区煤层气资源量为(17～92)×10^{12} m^3。其中，加拿大西部阿尔伯塔省是最主要的煤层气资源基地。阿尔伯塔盆地属于低煤阶盆地，煤层气资源量约为 18.01×10^{12} m^3。

早在 20 世纪 80 年代初期，加拿大就开始在西部盆地从事煤层气勘探，20 世纪 90 年代后对全国煤层气资源进行评价并在西部盆地及东部新斯科舍省部署了一批井，进行煤层气勘探和开采试验。目前，阿尔伯塔东南部和中部、不列颠哥伦比亚省的东北部和东南部及温哥华岛均为煤层气勘探开发工作区。位于阿尔伯塔中南部地区的马蹄谷组是第一个实现了规模化商业生产的地区，单井产量一般在 2 260～4 000 m^3/d，平均为 2 830 m^3/d，是加拿大煤层气开发最活跃的目的层。

加拿大煤层气开发的起步时间较晚，起初进展缓慢，在 2001 年时只有 250 口煤层气井，70 余口参数井，没有商品气产量。之后，一些石油和能源公司加大对煤层气勘探和开发试验的投入，煤层气开发从 2002 年开始迅猛发展，仅 2003 年，阿尔伯塔省就钻探 1 015 口煤层气井，煤层气产量达 5.1×10^8 m^3。其中，80%井的目的层是马蹄谷煤层，14%井的目的层是曼恩维尔煤层，只有 6%井的目的层为阿德莱煤层。到 2004 年，煤层气生产井增至 2 900多口，年产量 15.5×10^8 m^3，2005 年产量达 50×10^8 m^3。到 2006 年底，阿尔伯塔省煤层气井达到 10 732 口，煤层气年产量 60×10^8 m^3。2008 年加拿大煤层气产量达 70×10^8 m^3。截至 2009 年第一季度，加拿大共有 1.55 万口煤层气井(如表 2-3 所示)。

表 2-3　加拿大历年煤层气产量

年份	2003	2004	2005	2006	2007	2008	2009	2010	2011
产量/Gm^3	0.51	1.55	5.0	6.0	6.5	7.0	8.4	14.0	16.0

数据来源：2013 年太原国际煤层气会议。

加拿大煤层气开发主要集中在加拿大的阿尔伯塔盆地马蹄谷组和曼恩维尔群组。阿尔伯塔盆地位于阿尔伯塔省，面积约 12×10^4 km²，煤层气资源量为 18.0×10^{12} m³。2000 年开始大规模勘探开发，起步晚、发展快，目前有 1.55 万口煤层气井，单井日产气平均 2 830 m³，91%的井开发上白垩统马蹄谷组，8%的井开发下白垩统曼恩维尔群，约 1%的井在阿得雷和库特内组。2009 年探明可采储量 3.7×10^{12} m³，年产煤层气 84×10^8 m³，2010 年产煤层气 140×10^8 m³，2011 年产量高达 160×10^8 m³（如表 2-3 所示）。

（1）阿尔伯塔盆地马蹄谷组。煤层埋藏浅（200～800 m）；煤层多（30 层），累计厚大于 30 m，单层厚 0.5～3 m，下部煤层薄、横向稳定，上部煤层厚但横向有的不稳定；低煤阶褐煤（R_o 为 0.4%～0.5%）；高含气量（1～5 m³/t）；高渗透率[$(10\sim500)\times10^{-3}$ μm²]；单井产量变化大。煤层气高产区位于卡尔加里和埃德蒙顿间，连续油管压裂高产走廊区平均单井日产气 3 500 m³，中部最高达 $(1.2\sim1.5)\times10^4$ m³。

（2）阿尔伯塔盆地曼恩维尔群组。煤层埋藏浅（300～1 200 m）；煤层单层厚 2～14 m，一般为 2～6 m，间距为 40～100 m；低煤阶褐煤（R_o为 0.4%～0.7%）；高含气量（7～14 m³/t）；渗透率相对低[$(3\sim15)\times10^{-3}$ μm²]；直井日产气 2 800～5 600 m³；水平井产量高，最高为日产气 2.8×10^4 m³，一般为 8 500～11 500 m³。

3）澳大利亚煤层气产业发展状况

澳大利亚具有丰富的煤炭和煤层气资源，既是亚太煤炭市场主要的贸易商，同时也是主要的煤层气产出国。澳大利亚煤炭可采储量为 400×10^8 t，煤层埋深普遍小于 1 000 m。其中，黑煤在澳大利亚的煤炭资源中占很大比重，其产量占世界总产量的 7%左右。澳大利亚煤层气资源量为 $(10\sim14)\times10^{12}$ m³，煤层气开发主要分布在鲍温、加利利、苏拉特、悉尼、佩斯 5 个含煤盆地。其中，潜在开发区主要在东部的悉尼、苏拉特和鲍温 3 个含煤盆地。悉尼盆地含煤面积为 49 000 km²，煤层气资源量约为 4×10^{12} m³；苏拉特盆地含煤面积为 14 000 km²，煤层气资源量为 1.28×10^{12} m³；鲍温盆地估算的煤层气资源量为 4×10^{12} m³，探明煤层气储量已超过 2.83×10^{12} m³，该区煤层水平应力高，渗透率低。澳大利亚 2010 年生产井 5 200 口，其中钻 U 形井 700 余口，探明可采储量 $4\,934\times10^8$ m³，年产气量为 65.5×10^8 m³。2011 年澳大利亚的煤层气产量达到 73.5×10^8 m³，主要在东部鲍温、苏拉特盆地。

澳大利亚煤层气勘探工作始于 1976 年，1987—1988 年已经用地面钻井方法成功采出了煤层气。2000—2001 年，昆士兰天然气公司在靠近 chinachill 的阿盖尔(argyle)－1 井煤层气生产获得成功，日产气量超过 28 320 m^3，至此，煤层气的勘探和生产已经成为昆士兰的石油和天然气工业的基本部分。截至 2001 年，澳大利亚共计在 31 个地区进行了 140 多次勘探工作，钻勘探井和生产井 119 口。2001 年以后澳大利亚石油和天然气公司加大了勘探和钻井力度，使煤层气产量大增，到 2006 年钻井达到 3 800 口，煤层气产量也从 1998 年的 0.56×10^8 m^3猛增到 2006 年的 20×10^8 m^3。澳大利亚煤层气已进入工业化开采阶段，产量大幅度提高，2008 年澳大利亚煤层气产量激增 39%，超过 30×10^8 m^3，占该国天然气供应量的 13%以上，2011 年煤层气产量更是高达 73.5×10^8 m^3。预计到 2020 年，煤层气的产量将占澳大利亚东部天然气市场需求量的 35%～50%。

澳大利亚是最早开展煤矿区煤层气抽采和利用的国家之一。政府一直大力支持煤层气抽采技术的理论研究，并提供大量资金开展低浓度瓦斯的利用技术研发，同时设立和颁布科研项目计划，鼓励开展和实施抽放和利用项目。目前抽采的煤层气已用于燃料、发电和生产甲醇。阿平矿煤层气发电项目是澳大利亚最大规模的温室气体减排项目之一，装机容量为 94 MW，整套系统利用矿井通风瓦斯作为燃烧空气。该项目自 1996 年开始满负荷运行，每年减排 CO_2当量近 300×10^4 t。

目前澳大利亚煤层气生产主要在东部的鲍温、苏拉特两个盆地。

(1) 鲍温盆地。含煤层系为二叠系，面积为 20×10^4 km^2，为逆冲断层控制反转构造及走滑断层控制浮滑构造。鲍温盆地煤层埋深浅(埋深 150～1 000 m)、煤层厚(厚度为 5～12 m)、含气量高(11～12 m^3/t)、中煤阶肥煤(R_o为 1.0%)、渗透率相对比较低[$(0.1\sim100)\times10^{-3}$ μm^2]、吸附饱和度为 90%～100%，水平井高产，钻 U 形井，煤层进尺 800 m，平均单井日产气$(0.3\sim6.0)\times10^4$ m^3，采气速度 1.9%。

(2) 苏拉特盆地。苏拉特盆地是叠合于鲍温盆地之上的一个白垩纪—古近纪、新近纪含煤盆地，中生代为大型克拉通盆地，盆地面积为 30×10^4 km^2。有利面积为 1.4×10^4 km^2，两套煤层[即莫兰巴(Moranbah)、塔鲁姆(Taroom)]，煤层气资源量约为 0.9×10^{12} m^3。苏拉特盆地是 20 世纪 90 年代以来世界低煤阶煤层气开发盆地之一。苏拉特盆地煤层埋深浅(埋深 150

～650 m)、煤层厚(厚度 4～12 m)、渗透率高[(1～1000)×10^{-3} μm^2]、含气量相对高(3.0～7.0 m^3/t)、低煤阶褐煤、长焰煤(R_o为 0.5%～0.6%)、吸附饱和度为97.5%。目前苏拉特盆地钻井超过 2 500 口,裸眼完井,井距 560 m,平均单井日产气(0.3～2.8)×10^4 m^3,采气速度 1.9%～2.1%。

4) 俄罗斯煤层气产业发展状况

俄罗斯煤层气资源丰富,居世界首位。俄罗斯煤层气开发较早但进展缓慢,目前主要在库兹涅茨克煤田进行了煤层气的开发利用。库兹涅茨克煤田蕴藏着丰富的碳氢气体资源,据估计,该煤田的煤层气储量约为 13.1×10^{12} m^3,储层深 1 800 m。因此,库兹涅茨克煤田被列为在煤层气利用方面最有前景的煤田之一。

库兹涅茨克煤田范围内的别洛沃煤矿是俄罗斯煤层气含量最高的煤矿,煤层气排量高达 50～70 m^3/min。每年通过抽气管道排出矿井的煤层气有(1～2)×10^8 m^3。目前该煤矿可以 5～6 m^3/min 的速度压缩从矿井中抽出的煤层气,并利用其发电。此外,从煤矿抽采出的煤层气在去掉煤颗粒和水分并提高浓度之后,还可以用于工业生产或居民采暖,也可用作汽车燃料。

1951 年,库兹涅茨克煤田首次采用投放法来降低煤层含气量,1990 年煤层气抽放能力达到顶峰,回收量为 2.16×10^8 m^3。在库兹涅茨克煤田,开采高瓦斯煤层时采用瓦斯抽放方法进行巷道开拓,但煤层瓦斯抽放效率还不到 20%,现在采用地面抽采技术已将效率提升为 60%～80%。该煤田利用煤层气作燃料给燃气发动机提供动力,可满足煤矿的部分电力需求。沃尔库塔煤炭公司所属煤矿于 1975 年开始抽放煤层气作为蒸汽锅炉燃料。塞活那亚煤矿选煤厂所使用的煤炭干燥机以煤层气为燃料,蒸汽容量为 16 t/h;使用的瓦斯—空气加热器也以煤层气为燃料,仅这两项的煤层气年消耗量就达(3 000～3 500)×10^4 m^3,可节省燃煤 5×10^4 t。俄罗斯天然气工业公司已经开始在库兹涅茨克塔尔金煤矿进行煤层气的实验性开采,塔尔金煤矿的煤层气储量约为 458×10^8 m^3。目前的首要任务之一是对煤层气进行综合利用,包括生产发动机燃料,向全国统一天然气运输系统供应,以及用于发电和供热。

5) 欧盟煤层气开发利用状况

(1) 英国。英国有南区、中区、北区和苏格兰地区 4 个煤田,煤层气资源总量约为 2×10^{12} m^3,北海海底煤层也有潜在的巨大煤层气资源。英国陆地煤层气预测资源量约为 2.66×10^{12} m^3，其中可采储量为 0.14×10^{12} m^3。

英国煤层气开发选区评估正在进行中，已有 15 个区块获得开采许可证。英国大部分煤层中的甲烷含量为 4～11 m^3/t，在南威尔士地区最高含量可达 19 m^3/t。地面煤层气钻探于 1992 年开始实施，在苏格兰福斯河河谷地区为实现商业开采积极推进开发活动，英格兰西北地区也在 2006 年底进入开发阶段，但目前地面煤层气生产区没有进行大规模生产。随着煤井气和废井气产量增长，英国向大气排放的煤层气将大幅减少，2010 年的排放量比 1990 年减少 55%。

英国生产少量煤层气，主要是来自生产矿区的煤井气和废弃矿区的废井气。1999 年以来已开始对废弃矿的煤层气进行商业性开采。曼斯菲尔德(Mansfield)附近的夏尔布鲁克能源公园(The Shirebrook Enery Park)在 2000 年已开始生产并发电超过 9 MW，足够向 1 万多户家庭供电。除此之外煤层气还作为有竞争力的低价燃料，供工业锅炉和小规模发电用。在英国约有 40%的可回收瓦斯得到了利用。

(2) 德国。德国煤炭资源主要分布在西部的鲁尔和萨尔，以及亚琛和伊本比伦，煤层气资源总量为 2.8×10^{12} m^3。这四个煤田的煤层气平均含量为 10～24 m^3/t(最高达 60 m^3/t)，年涌出量高达 9×10^8 m^3。目前，德国正实施鲁尔煤田和萨尔煤田煤层气开发方案。在鲁尔煤田主要针对莱因威斯特伐利亚煤层进行大面积钻井，煤层气年产量达到(20～30)×10^8 m^3，采出的煤层气经过处理后输入现有的天然气管道系统，并计划在萨尔煤田的苏兹巴赫地区钻井 100 口。

早在 20 世纪 70 年代，德国已经开始利用井下抽采出的煤层气，但是利用范围主要是在煤矿区，而且利用规模发展缓慢。井下抽采煤层气利用的主要途径是发电，德国的煤层气发电技术比较成熟，但是由于上网价格较低，使得煤层气发电的经济效益较差，这是德国煤层气难以实现规模化利用的重要原因。

除了利用井下抽采煤层气，德国也非常重视对废弃矿井中煤层气的利用。北莱茵-威斯特法伦州是德国重要的煤矿区，拥有众多废弃矿井，矿井中蕴藏的煤层气资源量很大。北莱茵-威斯特法伦州政府专门制订了利用废弃矿井中煤层气的计划，并且投入资金进行煤层气资源评估和相关技术开发。从此，北莱茵-威斯特法伦州的废弃矿井煤层气发电大规模发展起来。

(3) 波兰。波兰煤层气的资源总量为 3×10^{12} m^3，是该国天然气资源总量的 10 倍。波兰国内 60%的烟煤矿井是高瓦斯矿井，所以波兰政府已把开采煤层气作为减少进口天然气的手段。波兰煤层气开发利用的水平很高，3 个主要的烟煤盆地之一上西里西亚盆地的煤层气资源量约为 1.3×10^{12} m^3，18 座矿井配备了瓦斯收集系统，共收集 9.12×10^{8} m^3，其中 2.83×10^{8} m^3 被利用，经收集、压缩处理后的煤层气进入天然气管道系统，输送到各工业区。

目前，波兰的煤层气主要用于发电和供热。

6) 印度煤层气产业发展状况

印度煤层气资源量约为 1×10^{12} m^3，最具开发潜力的地区位于加尔各答西北 161 km 的达摩尔河谷盆地，面积约为 6 500 km^2，煤层厚度为 3～18 m，其地质条件类似于美国的煤层气产地。为此，印度政府在这里圈定了 7 个首批煤层气勘探开发靶区，引入竞争机制，划出若干有利块段，通过招标吸引商家参与开发。他们实施的示范项目由该国政府、联合国开发计划署和全球环境保护基金共同出资约 1 500 万美元，采用先进钻井技术，从未采煤层或采空区中抽放煤层气，实验成功后正式开发。目前，这 7 个勘探开发靶区已开始运作。据印度国家石油公司在切里亚靶区施工的第一口井显示，单井日产量可达 5 000～6 000 m^3。除该国公司外，外国公司也已进入另一靶区拉尼根杰施工。印度煤层气的开发利用主要用作燃料和发电。

2.1.3　国外煤层气开采技术

世界煤层气工业界大量采用的成熟开发方式是压力衰减法，即利用不同方法使煤层中的气体压力降低，随着气体压力的降低，煤层气由吸附态经过解吸变成游离态，游离态煤层气通过各种裂缝流入煤层气井。压力衰减法包括地面垂直井、采动区井和煤矿井下水平井等开采方式。

(1) 美国煤层气开采技术概况

美国是目前世界上煤层气开发比较成功的国家。美国煤层气地面开采有两种情况：一种是在没有采煤作业的煤田内开采煤层气，所采用的技术与常规天然气生产技术基本相似，对于渗透率低的煤层往往需要采取煤层压裂增产措施；另一种是在采煤矿区开采煤层气，采气与采煤密切相关，特别是采用地面钻孔抽采采空区煤层气，由于采煤时引起上覆煤层和岩层下沉和断裂，采空区上方岩石冒落，压力释放，透气性大大增加，瓦斯大量解吸并聚集于采空区，抽气容易，不需要进行煤层压裂处理。

1994 年以前，美国一些矿区在采煤之前首先钻探垂直井开采煤层气。打垂直井开采煤层气不仅抽排效率高，而且极大地降低了煤矿的通风费用，改善了矿工的安全条件。

美国西部大部分盆地中的煤层有数米厚且有多层砂岩、页岩互层，所以在西部盆地主要采用裸眼造穴钻井和下套管水力压裂钻井。裸眼造穴钻井工艺适用于渗透率高、煤质易破碎和高压煤层的地区。

黑勇士盆地采用的煤层气开采技术包括水平钻井、采空区钻井（在开采区）和垂直钻井（在开采区和未开采区）。

（2）加拿大煤层气开采技术概况

加拿大的煤炭资源主要是低变质煤，具有含气量低、致密、低压、低渗的特点，一般都需经过压裂后才能获得有商业价值的煤层气产量。初期，采用常规压裂方法，包括水力压裂（无支撑剂）、氮气泡沫压裂、液态 CO_2 压裂（无支撑剂）技术，结果压裂液返排很少，几乎没有气体产出。后来，根据该国煤层的实际条件并借鉴在浅层页岩气开发中的成功经验，发明了连续油管钻井和大排量氮气泡沫压裂等技术，并成功应用于煤层气开发。同时，借鉴美国的多分支羽状水平井技术，在渗透率较低的曼恩维尔煤层中开采煤层气取得了成功，水平井水平段长度最高可达 2 500 m，日产量最高可达 5.6×10^4 m^3。

（3）澳大利亚煤层气开采技术概况

澳大利亚在引进吸收的基础上发展和使用较多的新技术，主要是通过在煤层中注入气体增加煤层中气体流动的能量和气体的渗透，并置换出被煤炭吸附的 CH_4 气体。目前有两种方法实现注气增产：一是借助注入 N_2 来剥离，二是用注入 CO 进行驱替解吸。

（4）德国煤层气开采技术概况

德国非常重视对煤层气发电技术和设备的开发，目前比较成熟的技术和设备有模块化燃气发电机组和供电—供热耦合机组 BHKW 设备，并已经在德国得到了规模应用。

2.1.4 国外煤层气产业化经验

1）美国煤层气产业化的成功经验

美国煤层气产业化是世界上最成功的国家，其产业化发展为世界其他国家煤层气产业的发展树立了榜样。美国之所以在煤层气研究、勘探、开发利用方面处于世界领先地位并成为世界上率先取得煤层气商业化开发最成功的国家，主要是得益于它有十分理想的煤层气铺层条件和完善的天然气管道系统，有众多的机构对煤层气勘探进行深入研究，形成了系统的理论与技术，以及政府的优惠税收政策与完善的法律体系。

一是丰富的煤层气资源、发达的天然气管网等基础设施为美国煤层气产业的形成与发展奠定了物质基础。丰富的煤层气资源量要得到商业化开发必须有完善的输送管网设施。美国拥有完善的全国性的天然气管网系统，煤层气可以通过天然气管道输送到各类用户。由于有关天然气管道输送的政策对煤层气产业具有直接影响，为此美国联邦能源管理委员会于 1985 年相继颁布了第 380 号和第 436 号法令，允许分销商免除对管道公司的最低费用义务，向地方提供收购现货天然气的机会，并强令管道公司让出一部分输送能力给其他公司。从此，打破管道公司对天然气市场的垄断。1992 年又颁布了第 636 号法令和 637 号法令，规定管道公司只能从事输送服务，实行天然气管道的市场开放政策；向天然气工业的输气部门提供更多的灵活性，并进一步确保天然气承运人的利益，这些条例的颁布，使得煤层气生产商可以拥有多种选择来销售煤层气，既可通过市场中间商销售煤层气，或直接销售给附近市场的分销商和终端用户，也可以自由地将煤层气输入天然气管道。

二是煤层气勘探开发的系统理论与技术为煤层气产业与产业化发展提供了技术支撑。美国率先形成了排水采气技术、储量激励增产技术和储层模拟技术，利用地面钻孔水力压裂技术和裸眼造穴完井技术开采煤层气资源，这些技术的实践应用为煤层气产业的发展提供了技术保障。

进行煤层气地面开发有两种情况：一种以圣胡安盆地为代表，在没有采煤作业的煤田开采煤层气，采用的技术与常规天然气生产技术基本相似，低渗透率煤层需要采取煤层激励增产措施；另一种以黑勇士盆地为代表，在生产矿区内开采煤层气。采气作业与采煤作业密切相关，采用地面钻井抽取采空区的煤层气时，由于采煤引起上覆煤层和岩层下沉与断裂，采空区上方岩石冒顶，压力释放，透气性增加，瓦斯大量解吸聚集于采空区，使得抽气容易，不需要进行煤层压裂处理。

三是税收优惠政策为煤层气产业的形成与发展创造了良好的环境。美国政府先后出台了《能源政策法》《能源意外获利法》《气候变化行动计划》等相关法规，为煤层气产业的发展提供了有利的外部环境。

1980 年，美国联邦政府出台了《能源意外获利法》，该法第 29 条是专门针对非常规燃料税收优惠问题，该税收优惠政策的出台在煤层气开发的初期起到巨大的推动作用。该政策对煤层气开采实行“先征后返”，即先按联邦税法征 4%～6%的生产或开采税，然后给予每立方米煤层气 2.82 美分的政策补贴(当时煤层气售价约为 6 美分/m^3)。自 1980 年该法出台以后的 10 a 间，美国黑勇士盆地煤层气开采得到的税收补贴大约是 2.7 亿美元，圣胡安盆地的税收补贴为 8.6 亿美元。另外，该政策具有一定的时效性，时间为 10 a，即限于 1980—1992 年钻成的井及于 1992 年 12 月 31 日以前开钻的井中，投产井于 2003 年前卖出的煤层气均可享受税收补贴政策。10 a 之后每生产和销售 1 MBtu(英制热量单位，1 Btu＝1.055 kJ)煤层气得到的平均补贴为 1.385 美元。而 1988 年美国政府又把该项优惠政策延迟到 1990 年底，后来政府又第二次把截止日期推迟到 1992 年年底。在 1979 年 12 月 31 日至 1993 年 1 月 1 日之间钻探的井中生产出的煤层气产量，在 2003 年 1 月 1 日以前都可以享受第 29 条税收政策规定的补贴。美国第 29 条税收补贴政策的截止日期的两次推迟，极大地促进了煤层气开发者在 3 个截止日期之前，以最大的努力钻探最多的井以期获得最大限度的税收补贴。

事实证明，美国的第 29 条税收优惠政策有效推动了美国煤层气井数量和产量的增加，使美国煤层气年产量在不到 20 a 的时间内，从 1983 年的不足 2×10^8 m^3迅速增加到 2000 年的 38.3×10^8 m^3，煤层气开发项目的内部收益率可达到 20%，各煤层气生产商的技术进步和规模化发展提速，最终使其成为具有竞争力的新能源产业。

四是完善的法律法规为煤层气产业发展提供了政策保障。美国联邦政府和州政府主要通过颁布和实施有关税收和矿区使用费征取、环境影响评价、井距控制、煤层保护、煤矿安全保证、钻井许可证发放等法律法规及调控煤层气价格等管理办法来促进煤层气产业发展。美国为减少甲烷的排放制定了强制性的技术标准，要求采煤企业在采煤过程中核准甲烷排放量或必须达到的抽采率；企业必须预先支付一笔抵押金，由政府依据其煤层气利用情况予以返还；同时利用征收的排污费建立煤层气开发利用补贴基金；美国通过立法取消政府对天然气(包括煤层气)价格的限制，保证煤层气与常规天然气一样实行市场价格体制。1983 年，亚拉巴马州颁布了煤层气产业法规，是最早颁布煤层气产业法规的美国州政府；1990年，弗吉尼亚州颁布了煤层气法规；1994年，亚拉巴马州也颁布了煤层气法规，此后其煤层气产量大幅上升。

五是贷款、贷款担保、援助、培训资助等各种措施为煤层气产业发展提供了资金支持。1996年3月，美国国家环保局发布《美国联邦政府对煤层气项目资助指南》，下列部门能够提供贷款或援助。

(1) 农业部援助项目。农业部农村企业和合作开发局为农村提供贷款、贷款担保和援助资金，其主要对象是农村地区新技术应用项目或微利项目。由于许多高瓦斯矿井处于农村地区，比较容易从本地农村信贷部门获得煤层气项目贷款，贷款限额为15万美元。

(2) 商业部援助项目。商业部经济发展局援助对象主要是长期经济困难地区。1992年至1994年提供援助资金总额为4 610万美元。煤层气发电、管道输气销售或居民用气项目都有资格获得援助。

(3) 小企业管理局援助项目。小企业管理局运作着一个资本计划，该计划能够帮助小企业获得贷款从事能源技术和能源效率的改进。煤层气利用项目一般都符合条件，特别是煤层气提纯、生产甲醇或瓦斯汽车燃料都是优先考虑项目。美国国家环保局、能源部等政府机构和组织也可以为煤层气项目提供援助。

另外，在美国政府的政策引导下，许多私人金融机构和银行也愿意为煤层气开发提供资金支持。从20世纪80年代初开始，美国政府先后投入了60多亿美元进行煤层气勘探开发活动，用于培训和研究的费用高达十几亿美元。

2) 加拿大煤层气产业化的经验

加拿大煤层气开发虽然起步较晚，但近几年发展很快，其煤层气产业化快速发展的主要原因如下：

一是西部平原巨大而连续的煤层中煤层气资源丰富，并发现了马蹄谷组煤层气高产走廊。

二是前几年北美地区常规天然气储量和产量下降，供应形势日趋紧张，天然气价格日益上升，给煤层气产业的发展带来了机遇。

三是多年来加拿大政府一直支持煤层气的发展，并强调自主发展，一些研究机构根据该国以低变质煤为主的特点，开展了一系列的技术研究工作，在多分支水平羽状井、连续油管压裂等技术方面取得了进展，降低了煤层气开采成本。

3）澳大利亚煤层气产业化的经验

澳大利亚煤层气开采政策受到1989年《矿产资源法》和1923年《石油法》的保护，煤层气和煤炭开采享有同等的优先进入权。在促进煤层气开采的政策方面，澳大利亚政府允许煤层气与煤炭在地面上同时作业。尤其是国家标准规定“煤矿煤层气含量小于3 m^3/t、空气甲烷浓度小于1%才允许煤矿开采作业”。具体煤层气产业化经验如下：

一是加大煤层气勘探开发的投入。澳大利亚政府十分重视煤层气这一洁净能源的开发，对煤层气勘探开发给予了大量的资金支持。比如，2000—2001年度仅昆士兰的鲍恩盆地用于煤层气勘探费用高达4 440万美元，占该盆地全部1.2亿美元勘探费的37%。

二是出台了许多配套政策。1997年为加强对煤层气的开发与管理，昆士兰州政府出台了一系列规定与措施，主要包括：煤层气的开采权受1989年的《矿产资源法》和1923年的《石油法》保护；煤层气的产权管理保持与石油完全一致；现有的石油和煤炭租赁区以及租赁申请区都将授权进行煤层气的开采；在租赁申请方面，煤层气和煤炭开采将享有同等的优先进入权；在矿权审批时，将以垂向上的深度划分矿权，以避免地表矿权申请的冲突；当煤层气作为煤矿开采的副产品并用于当地煤矿的发电时，将免交矿区使用费；煤炭与煤层气在地面允许同时作业，但应尽量避免相互间的干扰。此外，昆士兰州政府颁布了《昆士兰能源政策——清洁能源政策》，要求燃气发电量占发电总量的13%，大大激励了煤层气的勘探开发。特别是要求煤层中的瓦斯含量必须降到3 m^3/t以下，煤炭才能进行开采，从而保证了“先采气、后采煤”的实施，有利于煤矿的安全生产，促进了煤层气开采的发展。

三是注重技术创新。澳大利亚在短短的4 a内煤层气产量快速增长，得益于技术创新。悉尼盆地煤的渗透率比美国差，必和必拓（BHPB）公司没有照搬美国的一些成熟技术，而是针对本区块不同的地质条件研发了裸眼完井和U形水平井等钻井技术，大幅度提高了单井产量，形成了低成本开发技术系列。

四是注重降低成本，延长产业链。由于煤层气与常规天然气比较，产量一般偏低，前期投入大，地面建设费用高，澳大利亚煤层气作业者BHPB公司采用各种措施，最大限度降低单井成本。它们在研究开发了系列新技术提高产量和效率的同时，还通过将煤层气产品加工转化发电的方式，避开了直接销售煤层气带来的效益低下的矛盾，拉长了产业链，提高了企业效益。

4）欧盟煤层气开发的优惠政策

德国对煤层气的利用在20世纪末还大多局限于煤矿现场使用，如在锅炉中将煤层气和煤混合燃烧，用来取暖和发电。2000年4月生效的《可再生能源法》及同年10月出台的“国家气候保护计划”，是德国的煤层气开发的里程碑。《可再生能源法》规定，20 a内500 kW以上的煤层气发电设备每生产1 kW·h电补贴约7欧分；利用煤矿瓦斯的供暖发电厂可享受每千瓦时6.6%～7.7%的固定退税率，新厂税率每年还可递减2%。“国家气候保护计划”制定了到2005年二氧化碳排放比1990年减少25%的目标。在一系列政策法规的推动下，德国及各州政府提供高额的研究资金支持独立研究机构进行煤层气研究，煤层气开发及相关设备的研制均取得了很大进展。

英国在《陆上石油勘探开发许可证管理条例》和《企业投资管理办法》中明确规定，开采煤层气可享受税收优惠，其投资将通过减免所得税和经营红利而得到回报。另外《企业投资管理办法》要求投资者在5 a之内不能撤资，而且要保持拥有原始股，才能享有规定的税收优惠，这样对煤层气投资者的初期融资具有一定的吸引力。

波兰政府规定给予从事石油、天然气以及煤层气企业10 a免税优惠。

5）印度煤层气产业化的经验

印度政府为推进煤层气产业的发展，将煤层气开发引入竞争机制，划出若干有利块段，通过招标吸引商家参与开发。并针对国内外投资者出台一系列优惠政策，主要包括：煤层气项目从商业性生产之日起7 a免税，只征收很低的矿区使用费，免交煤层气开发需要的进口材料和设备关税；煤层气销售价格由市场调节，实行市场价格，政府不干预。另外，印度依据《石油和天然气法》把煤层气纳入天然气的定义和管理范畴，从法律上扩展了天然气的定义，为煤层气产业的发展提供了法律保证。

2.2　中国煤层气勘探开发进程

中国煤层气资源勘探起步于中华人民共和国成立后的煤田地质勘探。

在进行煤田地质普查、详查、精查的同时也对煤层瓦斯含量进行了测定，初步探明了煤层瓦斯的富集程度、含量以及分布规律，为后来煤层气资源评价、勘探和开发奠定了基础。

中国煤层气资源勘探开发历程可归纳为五个阶段：

第一阶段是矿井瓦斯抽放发展阶段(1952—1987年)。以1952年我国在抚顺矿务局龙凤矿建立瓦斯抽放站为起点，到1987年，这一时期主要进行井下瓦斯抽放及利用、煤的吸附性能和煤层气含量测定工作。该时期的工作成果，为后来全国煤层气资源预测和有利区块选择等积累了重要的实际资料。

第二阶段是资源评价、技术探索、煤层气技术引进消化阶段(1987—1993年)。这一时期以1987年石油、地矿、煤炭系统在30多个煤层气目标区开展前期研究和技术探索为标志，随后原能源部于1989年9月邀请美国有关煤层气专家来华介绍情况并于1989年11月在沈阳市召开我国第一次“开发煤层气研讨会”。之后，国家“八五”攻关项目组、地方企业、全球环境基金(GEF)资助设立了多个煤层气研究项目，对煤层气进行了勘探试验。同时，许多外国公司也纷纷出资在我国进行煤层气风险勘探。在这期间，我国引进了煤层气专用测试设备和应用软件，设备的引进和人员交流使我国在煤层气资源评价、储层测试技术、开采技术等方面取得了较大的发展。

第三阶段是优选有利目标区、技术储备和勘探选区阶段(1994—2000年)。这个阶段以1994年中国石油天然气集团公司(简称“中国石油”)成立煤层气经理部开展全国选区评价和勘探技术研究与试验为起点。之后，国务院于1996年5月批准成立中联煤层气有限责任公司，实行专营煤层气勘探开发与利用外资进行对外合作。在国家有关部门的支持和有关政策的引导下，中国煤层气资源勘探开发进入一个规范管理、有序发展、基础研究与开发试验并举的阶段。自此，中国煤层气资源勘探开发掀起了第二次高潮。

第四阶段是煤层气勘探开发试验、步入正轨阶段(2001—2005年)。为了推进煤层气的产业化进程，2002年国家“973”计划设立了“中国煤层气成藏机制及经济开采基础研究”项目，从基础及应用基础理论的层面对制约我国煤层气发展的关键科学问题进行系统研究，并将其成果应用于煤层气的物探开发中。2004年，晋煤集团成立蓝焰公司，煤层气从井下抽采向地面开发又近了一步。至此，我国煤层气从井下到地面进行全面开发试验，煤层气勘探开发技术不断提高，预示着我国煤层气即将进入商业化开发。

第五个阶段是煤层气产业形成、发展及商业化初具规模阶段(2006 年至今)。从 2006 年以后,一批煤层气产业示范项目的成功实施,特别是沁水盆地南部煤层气开发利用高技术产业化示范工程一期全面竣工投产,并达到了产能建设规模,标志着中国煤层气地面开发正式步入快速发展的大规模商业化轨道,加速了中国煤层气产业化的进程。2006 年,中国石油成立华北油田煤层气分公司,实施沁水盆地煤层气开发工作。2008 年,中国石油成立煤层气公司,全面推进煤层气勘探开发工作。至此,我国煤层气产业进入了商业化运营的启动阶段,煤层气产业迎来了快速发展时机。“十二五”期间,煤层气地面开发利用步伐加快,规划期末煤层气产量、利用量是“十一五”末的 3 倍。沁水盆地、鄂尔多斯盆地东缘产业化基地初步形成,潘庄、樊庄、潘河、保德、韩城等重点开发项目建成投产,四川、新疆、贵州等省(区)煤层气勘探开发取得突破性进展。全国新钻煤层气井 11 300 余口,新增煤层气探明地质储量3 504×10^8 m^3,分别比“十一五”增长 109.3%和 77.0%。全国大中型高瓦斯和煤与瓦斯突出矿井均按要求建立了瓦斯抽采系统,建成了 30 个年抽采量达到亿立方米级的煤矿瓦斯抽采矿区,分区域建设了 80 个煤矿瓦斯治理示范矿井,山西、贵州、安徽、河南、重庆等 5 省(市)煤矿瓦斯年抽采量超 5×10^8 m^3。在煤层气“十三五”规划中提出,要新增煤层气探明地质储量 4 200×10^8 m^3,建成 2~3 个煤层气产业化基地。到 2020 年,煤层气(煤矿瓦斯)抽采量达到 240×10^8 m^3,其中地面煤层气产量 100×10^8 m^3,利用率 90%以上;煤矿瓦斯抽采 140×10^8 m^3,利用率 50%以上,煤矿瓦斯发电装机容量 280×10^4 kW,民用超过 168 万户。

2.3 中国煤层气勘探、开发及利用现状

2.3.1 煤层气勘探现状

全国煤层气总面积 65 520 km^2,其中探矿权 65 285 km^2,采矿权 235 km^2。煤层气探矿权主要分布在全国 17 个省份,安徽占 9%,黑龙江占 5%,湖北占 3%,湖南占 3%,四川占 1%,陕西占 4%,山西占 24%,山东占 3%,云南占 6%,新疆占 7%,宁夏占 7%,贵州占 1%,江西占 1%,内蒙古占 16%,吉林占 1%,辽宁占 5%,河南占 2%。煤层气采矿权主要分布在山西省、陕西省

和辽宁省。我国目前已在48个煤层气勘探区进行了煤层气勘探、评价，遍布全国14个省(区)，其中山西有28个勘探项目。

全国有30多个煤层气先导性生产试验井组，主要分布在山西、陕西、内蒙古、辽宁、河南、湖南、安徽等省区；共有煤层气勘探开发利用示范工程10个，大部分集中在山西境内的沁水盆地和鄂尔多斯盆地(如表2-4所示)。

表2-4　全国煤层气勘探开发利用示范工程

省份	煤层气示范工程
山西省	沁水盆地南部煤层气开发利用高技术产业化示范工程
	晋城矿区采气采煤一体化煤层气开发示范工程
	山西沁水盆地数字化、规模化煤层气田示范工程
	柿庄南示范工程
	沁水盆地南部煤层气直井开发示范工程
	寿阳区煤层气综合利用示范工程
	鄂尔多斯盆地东缘(柳林)煤层气开发示范工程
新疆维吾尔自治区	阜康矿区白杨河煤层气示范工程
湖南省	邵阳市短陂桥矿区煤层气抽采示范工程
辽宁省	阜矿集团五龙刘家区地面钻井预抽煤层气示范工程

资料来源：政府网站和各种报告整理所得。

“十一五”以来，煤层气勘探快速推进，全国煤层气钻井数量大幅度增加。截至2018年年底，我国累计煤层气地面钻井18 000多口。其中，生产井6 000多口，水平井300多口，开发排采井2 500多口，主要钻探井单位是晋城煤业集团煤层气有限公司、中国石油煤层气公司和中联煤层气公司。

“十二五”以来，煤层气探明储量显著增长。“十二五”期间，新增煤层气探明地质储量$3\ 504\times10^{8}\ m^{3}$，较“十一五”增加$1\ 844.80\times10^{8}\ m^{3}$，增长111.1%。“十三五”期间，预计新增煤层气探明地质储量$4\ 200\times10^{8}\ m^{3}$，但实际情况不容乐观，2016年到2018年三年间新增煤层气探明地质储量分别仅为$576.1\times10^{8}\ m^{3}$、$104.8\times10^{8}\ m^{3}$、$147.08\times10^{8}\ m^{3}$。截至2018年年底，全国累计探明地质储量近$8\ 500\times10^{8}\ m^{3}$。

我国煤层气探明储量区分布较集中，主要分布在沁水盆地南部和鄂尔多斯盆地东南部。其中，沁水盆地探明储量约为$2\ 007.69\times10^{8}m^{3}$，占该区域探明储量的 69.17%；鄂尔多斯盆地探明储量约为 817.76×10^8 m^3，占该区域探明储量的 28.17%；铁法探明储量约 77.3×10^8 m^3，占该区域探明储量的 2.66%（如图 2-2 所示）。

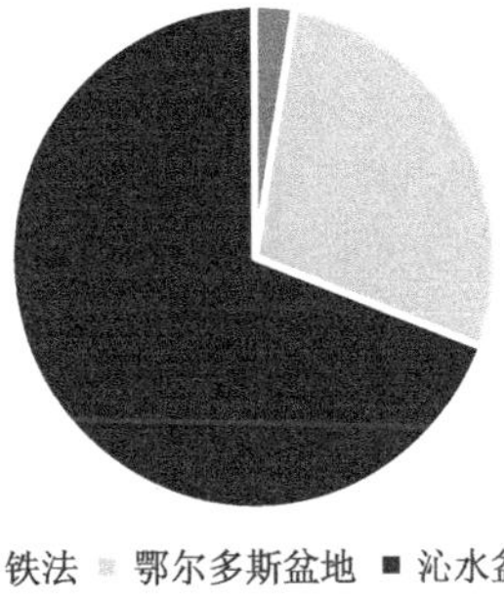

图 2-2　煤层气探明储量分布情况

沁水盆地作为我国特大型煤层气田，勘探潜力巨大。山西组 3 号煤层和太原组 15 号煤层厚度大，分布稳定，含气量高，渗透性在全国相对最好，煤层气可采性良好。除了已探明的南部区块以外，柿庄南和柿庄北、马壁、沁南、沁源、寿阳、和顺、下黄崖等区块均属于煤层气富集区和极有利目标区。寿阳区块以太原组 15 号煤层作为目的层，已获得经济单井产量的突破，韩庄井田多口煤层气井产量达到 1 000 m^3/d 以上。阳泉钻井 461 口，日产量达 15×10^4 m^3，获得商业化生产的产能。

鄂尔多斯盆地东缘勘探开发前景广阔，具有形成大型煤层气田的条件。鄂尔多斯盆地东缘具有较好的含煤性、含气性和可采性。渭北区块的韩城—合阳井区、临汾区块的午城—窑渠井区、吕梁区块的柳林—三交井区、吕梁区块的保德—神府井区是四大煤层气富集区。鄂尔多斯盆地东缘煤层气勘探开发前景广阔，具有商业化产气能力和形成大型煤层气田的条件，必将成为全国煤层气规模化、产业化、商业化运作的“甜点”区。

2.3.2　中国煤层气开发现状

20 世纪 50 年代中国开始抽放瓦斯，70 年代逐步推广。21 世纪以来，煤层气抽采利用发展较快，煤层气产能规模不断扩大，产量增幅较大。从 20 世纪 90 年代初到 2018 年年底，全国累计煤层气抽采量达 1 330×10^8 m^3。其中，地面煤层气抽采量达 370.15×10^8 m^3，井下抽采量为 960×10^8 m^3。全国累计煤层气利用量为 646.9×10^8 m^3，全国煤层气的利用率为 48.6%，利用率总体较低。其中，井下煤层气利用量为 288×10^8 m^3，地面煤层气利用量为 358.9×10^8 m^3。

“十二五”以来，我国煤层气年抽采量突破了百亿方，煤层气利用率突破了 40%，实现了历史性跨越。晋城煤层气勘探开发利用走在全国前列，全市从事地面煤层气开采的企业有 8 家，分别是晋煤集团、中国石油、中国海洋石油总公司（以下简称“中海油”）、萨摩亚美中能源公司、格瑞克煤层气公司、兰花集团、阳城惠阳新能源公司、晋城煤运分公司。

2.3.3 中国煤层气利用现状

煤层气主要成分为甲烷，可作为优质的民用燃料、工业燃料、化工原料、液化天然气燃料、合成油原料等。但不同浓度的煤层气，其利用方向也不尽相同。一般情况下，中高浓度的煤层气，常用作民用燃料（$\varphi_{CH_4}>40\%$）、工业燃料（$\varphi_{CH_4}>40\%$）、发电（$\varphi_{CH_4}>30\%$）、煤层气液化（$\varphi_{CH_4}>40\%$）与浓缩富集；低浓度煤层气主要是用来细水雾输送及低浓度发电；矿井乏风中甲烷主要是用来混燃发电。目前，我国煤层气来源主要是地面抽采煤层气和井下抽采煤层气，其中地面抽采的煤层气浓度较高，一般通过管道直接与天然气混输，供下游用户使用，或通过 CNG（压缩煤层气）或 LNG（液化煤层气）的方式对外运输；井下抽采煤层气浓度一般较低，需要经过提纯处理后才能利用。另外，煤矿通常离城市较远，井下抽采的煤层气利用范围受限制，因此井下抽采的煤层气主要用作矿区生活燃料、矿区供热锅炉、矿区煤层气（瓦斯）发电（主要供矿区生产、生活用）（见表 2-5）。

表 2-5　不同浓度煤层气使用情况

中高浓度煤层气	民用燃料（$\varphi_{CH_4}>40\%$）
	工业燃料（$\varphi_{CH_4}>40\%$）
	发电（$\varphi_{CH_4}>30\%$）
	煤层气液化（$\varphi_{CH_4}>40\%$）
	浓缩富集
低浓度煤层气	细水雾输送及低浓度发电
矿井乏风中甲烷	混燃发电及热逆流转反应技术

资料来源：陈贵锋. 煤层气利用现状及发展趋势[R]. 北京：煤炭科学研究总院，2009.

我国煤层气无论从利用量还是利用率来看都不是很高，与美国煤层气利用有很大差距。虽然我国煤层气利用率逐年提高，但地面煤层气利用率不到50%，井下煤层气利用率更低（不到30%），与美国相差甚远，远小于《煤层气（煤矿瓦斯）开发利用“十二五”规划》中提到的井下煤层气利用率为60%，地面煤层气利用率为100%的目标。

我国煤层气利用处于起步阶段，利用量小、利用率低，主要有两个方面的原因：一是中国煤层气资源赋存条件复杂，低渗、低压和低饱和导致地面抽采煤层气量较少，而井下抽采煤层气浓度偏低，其很大部分排放到大气中，据估计每年因采煤直接向大气释放 200×10^{8} m^{3}；二是中国煤层气产业体系还没完全健全，煤层气上、中、下游发展不协调，存在“气源与用户相脱节”或“有气输不出”等，导致煤层气利用效率低。具体煤层气利用领域情况如下：

（1）民用燃料

目前，我国煤层气用于管道供应的规模较小，输送压力较低，一般采用低压储气，主要用于居民燃气和工业锅炉。煤层气民用是高质量浓度煤层气利用的主要方式，所需甲烷浓度大于40%。煤层气作为民用燃气主要集中在矿区或离矿区距离较近的城镇，一般通过短距离管道供应附近用户使用，也有的通过CNG或LNG运输槽车向远距离居民供应。由于大部分矿井提供的瓦斯气热值接近于天然气，可供居民炊事、采暖及公用事业用。

我国煤层气民用量占煤层气总利用量的70%以上，利用煤层气作为城市气源较好的矿区有辽宁抚顺、铁法，山西阳泉、晋城，安徽淮南，重庆松藻、中梁山，河南鹤壁等。到2018年年底，煤层气民用用户已达到100多万户，按《煤层气（煤矿瓦斯）开发利用“十三五”规划》，到2020年达到168万户，应用前景好。

（2）煤层气发电

煤层气用于发电，对其浓度要求不同，这与煤层气发电机组密切相关。煤层气发电可以使用直接燃用煤层气的往复式发动机和燃气轮机，也可用煤层气作为锅炉燃料，利用蒸汽发电。发电是煤层气利用的最直接途径，通过发电、制冷、制热三联供技术，最大限度地提高煤层气资源利用率。目前，国外煤层气（煤矿瓦斯）发电主要侧重于浓度30%以上的瓦斯发电技术，对于浓度为6%～25%的低浓度瓦斯，由于跨越5%～16%的瓦斯爆炸范围，目前还没有有效的利用方式。而我国矿井抽放的煤层气浓度普遍较低，其 CH_4体积分数在 30%以下的低浓度煤层气数量占 60%以上。

我国煤层气发电最主要应用的是内燃机、燃气轮机和发电站的混燃锅炉，主要是针对中高浓度瓦斯的利用。中国第一个煤层气发电示范项目是辽宁抚顺矿务局的老虎台电站，引进了燃气轮机，瓦斯体积分数为 40.4%。后来晋城煤业集团的寺河矿区采用了改进型的燃气轮机，瓦斯体积分数为 55%～65%。国内第一个内燃机瓦斯发电项目是在山西的五里庙煤矿电站，采用的是瓦斯发电机组，瓦斯体积分数在 30%以上。

我国在低浓度瓦斯发电方面已取得突破。低浓度瓦斯发电的重要工艺环节是低浓度瓦斯输送系统，目前，比较成熟的低浓度瓦斯输送技术有两种，一种是由山东胜利动力机械集团研发的“细水雾低浓度瓦斯输送系统”，另一种是由设在淮南矿业集团的煤矿瓦斯治理国家工程研究中心研发的“气水二相流低浓度瓦斯输送系统”。胜利动力机械集团公司是第一家成功研制低浓度瓦斯发电机组的公司，可将浓度高于 6%的低浓度瓦斯转换成电能，该技术于 2005 年 12 月通过国家安监总局的鉴定，已具备生产利用低浓度瓦斯（6%～25%）发电机组的能力，并在淮南矿区谢一矿采用低浓度瓦斯细水雾输送机组发电技术，成功进行了低浓度瓦斯（10%左右）发电的工业性试验。国内研制低浓度瓦斯发电机组的厂家还有济南柴油机厂、南通宝驹气体发动机厂、河南柴油机重工有限公司等。

此外，矿井乏风是煤矿瓦斯最难利用的部分，其主要障碍为流量大、浓度低（甲烷浓度小于 0.6%），目前该领域的应用研究尚处于起步阶段。

近年来，随着煤层气（煤矿瓦斯）抽采利用优惠政策的出台和完善，国内企业利用煤层气（煤矿瓦斯）发电的积极性高涨。瓦斯发电装机规模逐年上升，技术研发和装备制造水平不断提高。截至 2017 年年底，国家电网公司经营区域内已有山西、辽宁、安徽、重庆、黑龙江、四川、江西、陕西、河南、宁夏 10 个省（市、区）拥有煤层气发电，全国发电利用煤层气量已超 50×10^{8} m^{3}，煤矿瓦斯用户超过 189 万户，实施煤矿瓦斯回收利用 CDM 项目 60 余项，全国瓦斯发电机组已超 1 200 台，瓦斯发电装机容量为 150×10^{4} kW，其中，国产发电机组占 70%，进口机组占 30%。山西、安徽煤层气电厂较多，装机规模较大，分别为 278 台 279.9 MW、54 台 47.1 MW；辽宁、江西和宁夏各有 1 座煤层气电厂，其中晋城 12×10^{4} kW 瓦斯电厂是世界上最大的瓦斯发电厂，拥有60台发电机组，年发电量约8.4×10^{8} kW·h，年利用煤矿瓦斯约1.8×10^{8} m^{3}。根据国家"十三五"煤层气发展规划，到2020年全国煤层气发电装机容量将超过280×10^{4} kW。

(3) 煤层气液化

煤层气液化是指煤层气(煤矿瓦斯)经净化、提纯后，在一定的温度和压力下，将气态煤层气变成液态的工艺。煤层气(煤矿瓦斯)液化后，体积将缩小600倍，会大大降低运输成本。使用LNG槽车运送，可以随气源和用户的改变而改变运输路线，甚至可以为现有的天然气管道调峰资源使用。煤层气液化可分为地面煤层气(CBM)液化和煤矿瓦斯(CMM)液化。目前，煤层气液化的主要功能是调峰和培育市场。煤层气体积分数为80%以上的气体大部分都用作煤层气液化。

煤矿瓦斯一般浓度较低且含有氧气，若直接加压液化会引起爆炸。通常采用深冷精馏的方法，将含氧煤矿瓦斯的分离和液化在低温的条件下逐步完成，提纯制得液化煤层气。该方法可把浓度为35%～50%的矿井瓦斯提纯液化为浓度为99.8%的LNG。由北京国能时代公司研发的煤矿瓦斯液化装置于2007年8月在阳煤集团五矿完成工业化试验，2008年4月通过由国家煤矿安全监察局技装司组织的专家组验收。目前，北京国能时代公司正在山西左权县建设年产2.2×10^{4} t的煤矿瓦斯液化项目。

地面煤层气浓度一般在90%以上，经脱碳、脱硫、脱汞和脱水后，可直接加压、冷却液化成液化煤层气(LCBM)。2009年7月5日，山西港华煤层气公司煤层气液化项目投产。该项目是全国第一个规模最大、工艺最新的煤层气液化项目，一期处理能力为25×10^{4} m^{3}/d，二期处理能力为65×10^{4} m^{3}/d。

随着煤层气液化技术的不断成熟及应用，大批煤层气液化项目得以实施，如山西晋城阳城舜天达煤层气液化项目、香港中华煤气公司重庆煤层气液化项目、中国联盛投资集团的山西沁水顺泰能源煤层气液化项目和阳泉含氧煤层气液化项目、山西能源煤层气投资公司晋城沁水县煤层气液化项目和山西町店镇顺泰煤层气液化项目、重庆松藻煤电公司的煤层气液化项目、山西晋城沁水嘉峰镇煤层气液化项目等(如表2-6所示)。

表 2-6　我国主要煤层气液化项目

公司名称	煤层气液化项目
阳城舜天达天然气有限公司	山西晋城阳城舜天达煤层气液化项目
香港中华煤气公司	重庆煤层气液化项目
中国联盛投资集团	山西沁水顺泰能源煤层气液化项目
	阳泉含氧煤层气液化项目
山西能源煤层气投资控股有限公司	晋城沁水县煤层气液化项目
	山西町店镇顺泰煤层气液化项目
重庆松藻煤电公司	松藻煤电公司的煤层气液化项目
山西晋煤集团与香港中华煤气公司	晋城沁水嘉峰镇煤层气液化项目

资料来源:由政府网站整理所得。

(4) 工业燃料

煤层气热值与天然气基本相当,燃烧后很洁净,因为其优质、清洁、价廉,是上好的工业燃料,被广泛用作工业锅炉、陶瓷生产和氧化铝焙烧等。比如,煤层气用于耐火材料煅烧可将温度提升到 1 800 ℃,在不增加成本的前提下,可生产出更优质的产品。国内的煤层气工业利用项目主要有铁法煤层气供法库县陶瓷城项目和阳泉煤层气氧化铝焙烧项目。

山西省阳泉市已建成以瓦斯为燃料的隧道窑 110 条,使能源利用率普遍提高了 30%。阳泉还建设了利用煤层气(煤矿瓦斯)作为工业原料的 80×10^4 t/a 氧化铝焙烧项目,年耗煤层气 1.26×10^8 m^3(混合物),甲烷浓度为 35%。江西斯米克陶瓷集团利用丰城矿务局抽采的煤矿瓦斯为工业燃料生产建筑陶瓷,每天消耗煤矿瓦斯约 40×10^4 m^3。铁法煤层气供法库县陶瓷城项目,甲烷浓度为 41%,年利用量为 $3\ 500\times10^4$ m^3,已有 10 家企业使用。山西晋城煤层气也提供给晋城陶瓷厂、九州玻璃厂等企业用于生产。

另外,煤层气可替代煤炭作为玻璃厂和冶炼厂的洁净燃料,不仅成本低、热值高,而且有利于改善环境,提高产品质量。

(5) 汽车燃料

汽车用 CNG 的技术指标为 CH_4 体积分数必须达到 90%～100%,C_2 以上的烷烃体积分数不超过 6.5%。高浓度煤层气中 CH_4 成分占绝对优势,经过压缩装瓶后可直接使用,低浓度煤层气经浓缩后 CH_4 体积分数可达 95% 以上,C_2 以上的烷烃含量极少,再经过压缩装瓶后就可以使用。因此,煤层气非常适合于生产汽车用 CNG 代替汽油，提高燃烧效率，降低燃烧排放，减轻环境污染，而且价格比汽油便宜。

高浓度的煤层气或经过浓缩后的低浓度煤层气，压缩到 20 MPa，储存于车载气瓶中供出租车、城市公交车和部分私家乘用车使用，是汽车燃料理想的替代品。目前出租车和私家乘用车储气规模一般为 15 m^3 左右，公交车可达 70 m^3 左右，续驶里程较短，约 200 km，只能在有煤层气加气站周边行驶。例如，将煤层气液化直接注入车内储液瓶供汽车使用可成倍提高储量规模（液态煤层气密度为标准状态下的 600 多倍），出租车或私家乘用车储气规模一般为 40 m^3 左右，公交车可达 200 m^3 左右，续驶里程可达 400～800 km。据有关机构测算，1 m^3 纯煤层气的热值相当于 1.13 L 汽油，每标方煤层气大约相当于 1.1～1.3 L 汽油，100 km 耗气量约 30.82 m^3，其费用大大低于汽油费用。目前我国煤层气汽车覆盖区域以晋城为基地，太原为中心的周边城市，主要是山西省和河南省部分城镇，且以出租车和公交车为主。截至 2018 年年底，全国以煤层气为燃料的汽车已超过 9 000 辆，其中山西省晋城市已达 4 000 多辆。

2.4 中国煤层气发展产业化面临的障碍

2.4.1 经济扶持政策力度不够

煤层气产业发展初期，资本投入高、资金回收期长、风险大，开发利用煤层气的社会综合效益远大于它的经济效益，政府应该给予更多的优惠政策鼓励企业从事煤层气的勘探开发。美国煤层气产业之所以成功及快速发展，关键在于美国政府于 1980 年颁布的《原油意外获利法》第 29 条税收补贴政策，使煤层气具有比常规天然气更优惠的政策，以及美国一系列借贷等方面的鼓励政策起到了决定性的作用。

我国现行的煤层气开发利用政策与法规，只是比照常规天然气，没有出台更优惠的煤层气长期激励政策，没有为煤层气新兴产业搭建可与常规天然气竞争的平台，极大地影响了中外企业开发煤层气的积极性，亟待落实和细化《国务院办公厅关于加快煤层气（煤矿瓦斯）抽采利用的若干意见》（国办发〔2006〕47 号）。

2.4.2 部分政策落实不到位

我国政府虽然出台了许多积极鼓励发展煤层气产业的政策，比如 2006 年财政部、海关总署、国家税务总局等出台了《关于煤层气勘探开发项目进口物资免征进口税收的规定》，2007 年财政部、税务总局等出台了《关于加快煤层气抽采有关税收政策问题的通知》，2007 年财政部出台了《关于煤层气（瓦斯）开发利用补贴的实施意见》等，但这些政策在地方政府或相关职能部门并没有得到很好的落实，相关的配套政策没有到位，甚至有些政策还需要进一步完善。煤层气产业作为新兴发展产业，初期开发具有资金投资大、回收期长、单井产量普遍偏低、生产成本相对较高、经济效益低、总体风险过高等特点，这就意味着，煤层气开发项目仅靠企业自有资金承担压力较重，若没有政府政策支持或政策支持不到位现象，后续发展可能难以为继。目前，一些地方政府在煤层气产业政策落实方面存在部分不到位现象，比如退税费资金滞后，甚至截留等，严重影响了煤层气开发企业再投入的积极性。

2.4.3 矿业权重叠严重

煤层气与煤炭属于同一储层的共生矿产资源。“十二五”以前，煤炭探矿权的管理归各省区，煤层气探矿权的管理则在国土资源部，也就是矿权和气权的审批权分别在不同的部门，煤层气是部一级发证，煤炭则是部省两级发证。“十三五”以来有关煤层气的部分权限下放到省自然资源厅，以解决过去因煤层气与煤炭矿业权重叠造成的煤层气产业发展滞后问题。但因过去政策问题导致全国 $6.5\times10^4\ km^2$ 煤层气矿业权有 $1.2\times10^4\ km^2$ 与煤炭矿业权重叠，全国 98 个煤层气探矿权中有 86 个煤层气探矿权涉及矿权重叠问题，86 个煤层气探矿权与 1 406 个煤炭矿业权重叠，重叠总面积约 12 534 km^2。其中，煤炭探矿权重叠 242 个，重叠面积 9 137 km^2；煤炭采矿权重叠 1 164 个，重叠面积 3 397 km^2。煤层气与煤炭资源的矿权交叉（重叠），对两种能源的开发和两个产业的发展，均产生了不良影响。

2.4.4 煤层气基础设施建设薄弱

煤层气资源多在山区或丘陵地带，离城镇较远，交通或道路环境较差。煤层气从资源区到消费用户需经过多次转运，这就需要发达的公路网或煤层气专用管网。可是公路网或专用管网的建设需要大量资金投入，仅靠地方政府或个别煤层气生产企业无法实现大规模建设。目前煤层气产区大部分已有公路或管网，但与高速发展的煤层气产业不相匹配，特别是煤层气专用管网的覆盖范围较小。比如，煤层气主产区的山西，煤层气的利用大部分经过天然气管网来输送，没有天然气管网覆盖的村镇无法实现煤层气规模化利用。煤层气基础配套设施建设的滞后，不仅影响煤层气利用的推广，更增加煤层气生产企业的开发成本，加大煤层气项目投资风险，进而影响煤层气产业发展进程。

2.4.5　煤层气价格形成机制尚未建立

我国煤层气价格当前仍以政府指导价为主。为了推进煤层气产业快速发展，国家和地方政府对煤层气采取了一定的财政补贴，比如国家财政对煤层气(煤矿瓦斯)的补贴标准由 2016 年以前的 0.2 元/m^3 提高到 0.3 元/m^3，山西地方政府也由过去的 0.05 元/m^3 提高到现行的 0.1 元/m^3。但现行的煤层气价格加补贴远低于同等热值的汽油、柴油售价，即使与天然气价格相比优势不明显。同时，煤层气市场价格因地区和质量不同差异较大，这也给煤层气资源禀赋较差地区煤层气生产企业带来经营困难。这种不成熟的煤层气定价机制极大影响煤层气开发企业的积极性和主动性。

2.4.6　科研投入不足，技术创新不够

我国煤田地质构造复杂，煤层气赋存条件差，煤层气抽采环境变化较大，煤层气储层大多具有低渗透、低饱和、低储层压力的“三低”特点，煤层透气性不好，从理论和技术方面都存在许多关键性难题，煤层气抽采难度较大，随着矿井开采深度加大，地应力和压力增加，煤层气抽采难度还会进一步增大，一些关键技术和设备急需突破和改进。同时，缺乏一些公益性、前瞻性、基础性、共性关键技术与装备等安全技术研究，资金、科研投入不足，致使煤层气开发利用与治理等方面的技术研究工作和创新进展缓慢。另外，目前国内专门从事煤层气开发利用研究的单位很少，科研力量薄弱。由于从人才、基础设施到资金支持严重缺位，导致瓦斯防治、利用等方面的研究进展缓慢。比如，一个年产 400×10^4 t 的煤矿建设一套井下瓦斯抽放系统需要 2 000 万元左右；建设瓦斯发电项目，前期投入和运营管理费用都比较高，单凭企业很难

进行瓦斯治理和利用投资。

2.4.7 煤层气发电上网难

利用井下抽放的瓦斯发电，是我国许多高瓦斯矿井煤层气开发利用的首选。随着瓦斯治理进程加快，煤层气发电总装机容量逐年增加。国家为了推进煤层气发电，出台了瓦斯发电及其上网销售的相关规定和政策，但实际操作过程中因部门小集体利益和行业保护等问题使瓦斯发电上网困难重重，出现故意压低上网电价现象，有的地方甚至干脆就不允许瓦斯发电上网。

2.4.8 社会对煤层气的观念上存在诸多误区

我国煤层气发展起步较晚，从2005年后一批煤层气勘探开发利用示范工程项目的成功实施，才掀起了煤层气勘探开发利用热潮，引起了国内外企业的广泛关注和积极参与。正因为如此，在对待煤层气与煤层气产业发展上却出现了诸多误区。

误区一是盲目乐观，认为煤层气开发非常容易，煤层气开发技术已经完全成熟，只要打井就能出气，投资煤层气就定能赚钱，这种过于乐观的思想已误导不少企业盲目投资。

现实并不是这样。我国煤层特殊的“三低”(低压、低饱和、低渗透)地质条件，需要适合中国特点的技术攻关，国家还因此成立了煤层气研究中心。目前我国煤层气开发利用水平较低，只在山西沁水南部地区具备了规模性开发条件，还有许多地区需要大量的勘探工作，盲目投资只会造成浪费。

误区二是盲目悲观，认为技术难，地面上难以抽采，井下抽采不好利用，难以形成产业化；中国煤层气仅在个别地区有商业前景，不具备产业化发展的条件和前途，而且煤层气开发的价值远低于煤炭开采的价值，煤层气不应作为独立的资源开采，即使进行煤层气开发，也应该以煤炭企业为主体。这种过于悲观和陈旧的观点正限制着中国煤层气产业的发展。根据几年来的实践，常规抽采的技术问题已经解决，在我国已探明的储量区产业化是有可能实现的。

误区三是认为煤层气开发是亏损的，只应由煤矿企业利用安全技术资金来进行煤层气抽放；煤层气应以瓦斯治理为主，不应作为资源开发；煤炭企业治理瓦斯只是从安全角度出发，不以营利为目的，不考虑经济效益，单井产量低，大约是专业煤层气开发企业产量的一半。煤层气开发企业则不同，需要盈利，有利可图才行。只有以盈利为目的，利益引导，才能进一步促进煤层气产业的形成和发展。

误区四是煤层气资源对外合作不应实行专营权。这种观点一方面严重忽视了中国煤层气对外合作已取得的丰硕成果，另一方面将对中国煤层气对外合作的健康发展和国家利益的保护产生非常有害的影响。实际上，对外合作签署的作业区块只占全国煤层气资源量的10％左右，而且不影响煤炭企业的自营勘探行为，更不影响煤炭生产。相反，煤层气开发巨大的资金和技术缺口，需要通过开放来引进国外的技术和资金，带动国内企业提升。

第三章 离柳地区煤层气产业发展现状

3.1 山西省煤层气产业发展现状

3.1.1 山西已将煤层气产业列为战略性新兴产业

“十一五”以来，煤炭产能严重过剩，煤炭市场处于疲软状态。同时，煤炭的过度消费给环境带来灾难性破坏。为此，煤炭资源大省山西举起了新型清洁能源煤层气产业化发展的大旗。其中，太原、阳泉、晋城等多个地区正在加快煤层气产业发展，引领山西新型清洁能源发展战略。为了加快清洁能源的发展，实现煤炭产业单一结构转型，2010 年山西省提出“气化山西”的转型发展目标，出台了煤层气、天然气、焦炉煤气、煤制天然气产业一体化发展规划。山西省“十二五”规划纲要更是明确提出，增加煤层气产业为战略性新兴产业，以此来推动煤层气产业发展进入高潮，重点建设沁东和河东两大煤层气产业基地。《山西省煤层气资源勘查开发规划(2016—2020 年)》中到“十三五”末，煤层气总产能力争达到 400×10^8 m^3，管线总里程突破 1.5×10^4 km，煤层气发电装机规模 700×10^4 kW，气化人口基本实现全覆盖，争取建成千万千瓦级煤层气发电基地。

3.1.2 山西煤层气勘探开发取得突破性进展

山西省煤层气资源丰富，尤其是沁水煤田和河东煤田煤层气资源占全国煤层气资源总量的 25.2%，占山西煤层气总资源量的 93.4%。在“气化山西”的大背景下，山西正在大力推进煤层气产业化力度，规划建设年产 500×10^8 m^3的能力，这与大庆油田的油气当量相当，等于在山西建设一个新大庆。

作为全国煤层气开发的排头兵，山西煤层气勘探开发一直在全国领先。

在一系列政策资金扶持下，煤层气勘探取得了大幅进展，煤层气钻井数从2004年不足三百口，到2018年已增加到17 000余口，钻井数占到全国的94%。其中，2011年和2012年煤层气钻井施工达到7 900余口，超过历年钻井数之和。到2018年年底，山西境内共设置煤层气矿业权51个，登记面积$3.264\ 3\times10^4\ km^2$，占全省含煤面积的51%，占含气面积的91%。其中，煤层气探矿权43个，采矿权8个。山西井下瓦斯抽采量和地面煤层气开采量均在全国首位，地面煤层气抽采量始终占全国90%以上。2017年，煤层气及煤矿瓦斯抽采量达到$120\times10^8\ m^3$，其中，地面煤层气抽采为$56\times10^8\ m^3$；井下瓦斯抽采为$64\times10^8\ m^3$。2018年煤层气产量继续保持增长态势，尤其是晋煤集团煤层气抽采量连续12年保持全国第一。山西建成或在建的地面煤层气年产能近$990\times10^8\ m^3$，发展空间潜力巨大。

3.1.3　山西煤层气利用成效显著

煤层气（煤矿瓦斯）利用范围不断拓展，从最初只是作为矿区锅炉燃料使用，逐渐广泛应用于城市民用、汽车燃料、工业燃料、发电以及化工等领域，到2018年年底，煤矿瓦斯用户超过260万户，煤层气燃料汽车已超过3万余辆，瓦斯发电装机容量超过$120\times10^4\ kW$。其中，晋城市煤层气发电装机容量达到$30\times10^4\ kW$，是世界上瓦斯发电最集中、装机规模最大的区域；煤层气燃料汽车约有2万辆；煤层气用户达到10万多户。“十一五”以来，累计利用煤层气（煤矿瓦斯）$70\times10^8\ m^3$，相当于节约煤炭资源$1\ 000\times10^4\ t$，减排二氧化碳约$1.0\times10^8\ t$。

目前，已经投产运行的项目有如下几项。

（1）由晋煤集团和香港中华煤气有限公司共同出资约6亿元建设的山西易高煤层气公司日产$60\times10^4\ m^3$液化煤层气项目（在沁水县）。该项目采用世界上最先进的液化工艺，将抽取的煤层气就地液化处理，既便于运输，又更为清洁，是目前亚洲最大规模的煤层气液化项目。

（2）由山西中电明秀发电有限公司投资23.93亿元建设的亚洲最大的瓦斯利用项目——山西中电明秀沁水120 MW瓦斯发电项目（在沁水县）。该项目设计安装28台4 000 kW高效内燃发电机组和4台3 000 kW余热发电机组，总装机规模120 MW，年发电量将达到$9.42\times10^8\ kW\cdot h$，减排二氧化碳$350\times10^4\ t$，成为亚洲领先的瓦斯发电厂之一，实现销售收入8.3亿元。

(3) 由晋煤集团投资7.8亿元建设的天煜煤层气项目(在沁水县)。该煤层气液化工厂总占地面积120亩,设计日产 90×10^4 m^3,一期工程日处理煤层气 30×10^4 m^3,二期工程日处理煤层气 60×10^4 m^3,目前一期工程已投产运行。

(4) 山西港华煤层气公司90万方煤层气液化工程。该项目位于沁县嘉峰镇潘庄村,工程总规模为日处理液化煤层气 85×10^4 m^3,总投资6亿元。其中一期工程日处理 30×10^4 m^3、总投资4亿元,2008年11月投产,运行平稳;二期工程日处理 60×10^4 m^3、总投资2亿元,2011年5月建成投产。

(5) 国内首个天然气、煤层气和瓦斯气综合利用为一体的示范园区(在寿阳)。该园区总投资30亿元,项目投产后,园区内每年燃气资源综合利用总量将达到 10×10^8 m^3,减少煤矿瓦斯排放 5×10^8 m^3,外销液化煤层气 13×10^4 t。年综合产值则将超过20亿元,解决就业500余人,拉动投资100亿元,替代燃煤 $1\ 000\times10^4$ t,全面解决烟尘排放和酸性气体污染的问题。

(6) 亚洲最大的瓦斯发电厂——寺河矿瓦斯发电厂。总投资8.75亿元的寺河煤层气电厂是目前世界上利用煤矿井下抽放瓦斯气为燃料发电的装机容量最大的发电厂,是首批获得国家批准的“清洁发展机制”煤层气CDM项目之一。该项目主要利用寺河煤矿井下抽放的煤层气为燃料发电,采用燃气发电机组、余热锅炉和蒸汽轮机发电机组组成的联合循环发电装置。电厂总装机容量为120 MW,年发电量为 8.4×10^8 kW·h,每年消耗纯瓦斯达到了 1.8×10^8 m^3。寺河瓦斯发电厂的建成投产,对改善煤矿安全状况、利用清洁能源、保护环境等将产生多重社会效益。

截至2018年年底,山西已建成CNG母站9个;LNG液化站7座,规划12个,设计液化能力为 120×10^4 m^3/d,平均液化能力为 90×10^4 m^3/d。目前,已建成投运或在建煤层气液化项目达到15个,总设计处理能力 $1\ 120\times10^4$ m^3/d,2018年总液化量达到 4×10^{12} m^3,如表3-1所示。通过一系列煤层气利用项目的实施,利用规模不断扩大,山西省煤层气已经销往全国7个省20多个地市,形成了煤层气液化压缩、管道输送、发电、民用、化工使用的产业链。

表 3-1　山西省煤层气液化项目表

序号	项目名称	设计能力	投资单位	备注
1	华港煤层气液化项目	200 万 m^3/d	晋城华港燃气有限公司	已投产
2	山西易高煤层气液化项目	90 万 m^3/d	山西易高煤层气有限公司	已投产
3	山西沁水顺泰能源煤层气液化项目	50 万 m^3/d	中国(香港)联盛集团	已投产
4	沁水新澳煤层气液化项目	45 万 m^3/d	河北新澳集团	已投产
5	晋城天煜公司煤层气液化项目	30 万 m^3/d	晋城天煜新能源有限公司	一期 30 万 m^3/d 已投产，规划二期 60 万 m^3/d
6	世行贷款一期煤层气液化项目	45 万 m^3/d		已投产
7	山西阳城县舜天达公司煤层气液化项目	30 万 m^3/d	河北新澳集团	在建
8	沁水浩坤有限公司煤层气液化项目	100 万 m^3/d	沁水县浩坤煤层气有限公司	已建成 25 万 m^3/d
9	瑞阳 5 万吨含氧煤层气液化项目		山西瑞阳煤层气公司	在建
10	兴县瓦塘煤层气液化项目	30 万 m^3/d	兴县华盛燃气有限责任公司	在建
11	原平煤层气液化项目	100 万 m^3/d	山西燃气产业集团有限公司	在建
12	山西嘉沁煤层气液化项目	60 万 m^3/d	山西嘉沁煤层气有限公司	在建
13	石楼县西卫煤层气液化项目	220 万 m^3/d	山西鼎亿成能源有限公司	在建
14	临县煤层气液化项目	120 万 m^3/d	山西国梁煤层气开发有限公司	在建
15	永和煤层气液化项目	100 万 m^3/d	山西燃气产业集团有限公司	已投产

资料来源：根据调研及公开资料整理所得。

3.1.4 山西煤层气管道建设、气站配置速度加快

煤层气开发利用工程是一项复杂的系统工程，既能促进产业结构调整和产品升级换代、保护生态环境、提高人民群众生活质量，又能推动经济发展。由四川石油勘察设计研究院所作的《山西煤层气管网规划》于2003年通过评审后，标志着山西省煤层气开发利用工程建设进入了实质性阶段。特别是确立“气源多元、管网互通、战略互供、长期稳定供气”的基本思路后，全省的煤层气工程建设全面展开，煤层气管网建设和气站配置速度明显加快。截至2018年年底，全省基本建成输气管网54条，初步形成国家天然气主干管网、省级主干管网和省级支线管网的三级输气管网系统（如表3-2～表3-5所示），输气管道总长突破13 000 km，供气能力达到40×10^8 m^3/a，为煤层气产业的发展提供了重要保障。

表3-2 山西省煤层气管网建设规划表

<table>
<tr><td rowspan="3">三纵</td><td>西线</td><td>乡宁—柳林—临县—保德输气管道，贯穿河东煤田</td></tr>
<tr><td>中线</td><td>大同—朔州—忻州—太原—临汾—运城输气管道，沿大运高速公路铺设</td></tr>
<tr><td>东线</td><td>阳泉—和顺—长治—晋城输气管道，贯穿沁水煤层气田</td></tr>
<tr><td rowspan="11">十一横</td><td rowspan="5">国家主干线</td><td>陕京一线</td></tr>
<tr><td>陕京二线</td></tr>
<tr><td>陕京三线</td></tr>
<tr><td>西气东输管线</td></tr>
<tr><td>榆济线</td></tr>
<tr><td rowspan="6">省级主干线</td><td>应张线</td></tr>
<tr><td>右玉—山阴—浑源</td></tr>
<tr><td>沁水—侯马—河津长输管道</td></tr>
<tr><td>洪洞—安泽—长治输气管道(南线)</td></tr>
<tr><td>柳林—介休—太原—阳泉长输管道(中线)</td></tr>
<tr><td>保德—原平长输管道(北线)</td></tr>
</table>

资料来源：根据相关资料整理所得。

表 3-3　山西省境内国家天然气主干管道分布情况

序号	名称	境内管线长度/km	投产时间	起点	途径	终点	分输站	设计年输气量/($\times 10^8$ m^3)
1	陕京一线	330	1997 年	从保德入晋	经神池、应县、浑源	由广灵入冀	神池清管站、应县北曹山站	33
2	陕京二线	260	2005 年	从兴县入晋	经岚县、静乐、阳曲	由盂县入冀	岚县、大盂、盂县	120
3	陕京三线	400	2011 年	从临县第八堡入晋	经吕梁、忻州、太原、阳泉等	由盂县入冀	岚县、阳曲、盂县	150
4	西气东输一线	328	2004 年	从永和关入晋	经永和、蒲县、浮山、沁水	由阳城入豫	临汾、阳城	120
5	榆济线	600	2010 年	从吕梁入晋	经汾阳、平遥、黎城	由长治入豫	吕梁、汾阳、平遥、黎城	30

资料来源：根据相关资料整理所得。

表 3-4　山西省内天然气输气管道情况

序号	名称	管径/mm	压力/MPa	长度/km	建成时间
1	临汾—新降—河津	219	4	126	2005 年
2	盂县—西小坪	219	4	8	2005 年
3	金沙滩—大同	219	4	55	2006 年
4	大盂—太原	610	4	37	2006 年
5	大盂—原平	355	4	74	2006 年
6	新降—运城	457	4	80	2007 年
7	太原—平遥	610/559	4	105	2008 年
8	徐沟—太谷	219	4	20	2008 年
9	祁县—交城	355	4	22	2008 年
10	临汾—霍州	457	4	65	2008 年
11	盂县—阳泉	219	4	40	2008 年
12	平遥—孝义	559	4	36	2009 年
13	孝义—霍州	559	4	80	2009 年
14	运城—永济	355	4	70	2009 年
15	运城—平陆	355	4	40	2009 年
16	阳泉—昔阳	355	4	50	2009 年

表 3-4(续)

序号	名称	管径/mm	压力/MPa	长度/km	建成时间
17	临汾—侯马(复线)	610	4	85	2009 年
18	应县—金沙滩	219	4	30	2005 年
19	祁县—文水	355	4	25	2007 年
20	文水—汾阳	355	4	35	2008 年
21	稷山—万荣	325	4	42	2009 年
22	徐沟—清徐	559	4	20	2009 年
23	东镇—绛县	355	4	40	2009 年
24	忻州—定襄	325	4	20	2009 年
25	曲沃—翼城	355	4	25	2009 年
26	端氏—沁水	610	4	35	2009 年
27	端氏—长治	559	4	80	2009 年
28	兴县—瓦塘镇	355	4	40	2010 年
29	岚县—普明	457	4	45	2010 年
30	黎城—长治	610	4	60	2011 年
31	沁水—侯马	610	4	100	2011 年
32	普明—方山	457	4	60	2012 年
33	昔阳—武乡	559	4	160	2012 年
34	神池—金沙滩	559	4	106	2012 年
35	神池—原平	559	4	70	2012 年
36	平陆—三门峡	610	4	40	2014 年
37	盂县—阳泉(复)	559	4	45	2015 年
38	金沙滩—大同(复)	559	4	55	2015 年
39	侯马—河津(复)	610	4	56	2015 年
40	绛县—垣曲	219	4	60	2015 年
41	侯马—运城(复)	610	4	70	2015 年

资料来源：山西国新能源集团能源产业发展规划。

表 3-5　山西省煤层气管网建设情况

序号	名称	管道全长/km	设计年输送能力/($\times 10^8$ m^3)	途径	分输站/座
1	晋城—侯马	145	145	途径沁水、翼城、曲沃，管线到侯马后，再向运城、河津、临汾三个方向分输	3
2	保德—陕京线	20	5	从保德煤层气区块连接陕京线	
3	沁水—晋城、阳城、泽州	59	10	由沁水、阳城输送到晋城市城区、泽州、阳城、阳城工业园区	1
4	端氏—沁水	35	30	由沁水县端氏镇金峰村输送至西气东输沁水增压站	
5	端氏—晋城—博爱	98	20	由沁水县端氏镇输送至河南博爱	
6	临县—保德　原平	380	10	跨越吕梁、忻州两市的 15 个县(市)	
7	神池—原平—五台	151	4.9	自神池首站起，途经宁武、原平、定襄，于五台末站止	
8	晋城—洛阳	86	10	由山西晋城到河南博爱，延长到洛阳，途经焦作市、洛阳市 2 市 6 县，终于伊滨新区	

资料来源：由网站整理所得。

3.2　山西省煤矿煤层气地质规律及分布特征

3.2.1　构造-沉积演化与煤层气的生成

煤层气的生成与煤的形成及煤化作用有关，同时受到构造-沉积演化过程的影响。山西煤层气的生成划分为三个主要阶段：褶皱前统一煤盆阶段、褶皱期侏罗纪煤盆形成阶段、褶皱期后岩浆热叠加影响阶段。

(1) 褶皱前统一煤盆阶段

山西晚古生代聚煤期为海西期，煤系地层形成时为统一的聚煤盆地阶段，山西大部分地区自晚石炭世起直至中生代三叠纪为连续沉积。由二叠系和三叠系不同的沉积厚度分析可以知道，在该时期沉积速度从北到南越来越快，比如：在北边的大同云冈沉积速度为 7 m/Ma，由此往南沉积速度由 23 m/Ma增大到 34 m/Ma。煤系地层的藏深由北往南越来越深，而煤的变质作用也越来越高，生烃量也相应地逐渐增多。在此阶段，山西北部煤平均最大镜质组反射率 $R_{o,max}$小于 0.5%～0.65%，为褐煤至低阶烟煤，属低煤阶，煤级为 0～Ⅰ级，煤类为褐煤和长焰煤；山西中部和南部煤平均最大镜质组反射率 $R_{o,max}$为 0.65%～0.80%，为低阶烟煤，属中低煤阶，煤级为Ⅱ级，煤类为气煤和肥煤。此阶段是生物气和湿气早期的生成阶段，而在山西的中部以及南部进入热降解气生成高峰。山西中、新生代板内构造单元划分见表 3-6 和图 3-1。根据煤层埋深和地温梯度推测可以得到古地温、煤级、煤类和甲烷生成量的关系，见表 3-7。

表 3-6　山西中、新生代板内构造区划表

<table>
<tr><th colspan="2">Ⅰ、Ⅱ级构造单元</th><th rowspan="2">Ⅲ级构造单元</th><th rowspan="2">Ⅳ级构造单元</th><th rowspan="2">Ⅴ级构造单元</th></tr>
<tr><th>Ⅰ</th><th>Ⅱ</th></tr>
<tr><td rowspan="14">塔里木—华北板块</td><td rowspan="14">华北陆块</td><td>Ⅲ₁:华北北缘板内活动带</td><td>Ⅲ₁-1:和林格尔—丰镇板隆</td><td>Ⅲ₂-1.1:河曲—临县块拗</td></tr>
<tr><td rowspan="5">Ⅲ₂:鄂尔多斯板内拗陷带</td><td rowspan="3">Ⅲ₂-1:鄂尔多斯东缘板拗</td><td>Ⅲ₂-1.2:柳林鼻状块隆</td></tr>
<tr><td>Ⅲ₂-1.3:石楼—乡宁块拗</td></tr>
<tr><td>Ⅲ₂-2.1:偏关—五寨块坪</td></tr>
<tr><td rowspan="2">Ⅲ₂-2:鄂尔多斯北东缘板拗</td><td>Ⅲ₂-2.2:云冈—平鲁块拗</td></tr>
<tr><td></td></tr>
<tr><td>Ⅲ₃:燕山板内裂陷带</td><td>Ⅲ₃-1:灵丘—怀来板拗</td><td>Ⅲ₄-1.1:宁武—静乐块拗</td></tr>
<tr><td rowspan="7">Ⅲ₄:山西板内造山带</td><td rowspan="7">Ⅲ₄-1:五台山—吕梁山板隆</td><td>Ⅲ₄-1.2:吕梁山—五台山块隆</td></tr>
<tr><td>Ⅲ₄-1.3:离石块拗</td></tr>
<tr><td>Ⅲ₄-1.4:系舟山块拗</td></tr>
<tr><td>Ⅲ₄-1.5:阜平—西烟块隆</td></tr>
<tr><td>Ⅲ₄-1.6:太原块拗</td></tr>
<tr><td>Ⅲ₄-1.7:霍西块拗</td></tr>
<tr><td>Ⅲ₄-2.1:霍山块隆</td></tr>
</table>

表 3-6(续)

Ⅰ、Ⅱ级构造单元 Ⅰ	Ⅰ、Ⅱ级构造单元 Ⅱ	Ⅲ级构造单元	Ⅳ级构造单元	Ⅴ级构造单元
塔里木—华北板块	华北陆块	Ⅲ$_4$:山西板内造山带	Ⅲ$_4$-2:沁水板拗	Ⅲ$_4$-2.2:沁水块拗
			Ⅲ$_4$-3:太行山板隆	
		Ⅲ$_5$:华北南缘板内活动带	Ⅲ$_5$-1:中条山—焦作板隆	
		Ⅲ$_6$:汾渭板内裂谷带	Ⅲ$_6$-1:桑干河盆地	
			Ⅲ$_6$-2:滹沱河盆地	
			Ⅲ$_6$-3:太原—晋中盆地	
			Ⅲ$_6$-4:临汾盆地	
			Ⅲ$_6$-5:运城盆地	
			Ⅲ$_6$-6:芮城盆地	

表 3-7　褶皱前热演化与生烃作用表

构造单元	煤层埋深 /m	古地温 /℃	煤级	煤类	甲烷生成量 /($m^3 \cdot t^{-1}$)
Ⅲ$_2$-2.2	430～630	32～39	0	HM	68
Ⅲ$_2$-1.1,Ⅲ$_4$-1.1	1 920～2 130	77～84	Ⅰ	CY	168
Ⅲ$_2$-1.2,Ⅲ$_4$-1.6 Ⅲ$_4$-1.7,Ⅲ$_4$-2.2 北	2 680～2 820	99～104	Ⅱ	QM	212
Ⅲ$_2$-1.3, Ⅲ$_4$-2.2 南	2 980～3 040	109～112	Ⅱ	QM,FM	229

(2) 褶皱期侏罗纪煤盆形成阶段

从三叠世晚期开始,山西从北向南基本上处在隆升态势,燕山期是华北陆块构造变形和岩浆活动最为强烈的时期,也是侏罗纪聚煤盆地的形成期。在燕山期的早期,随着华北陆块解体,在山西的南部和中部形成造山隆起,在隆起带的两侧形成了以中侏罗统为核心的聚煤盆地。西部形成一个大型的鄂尔多斯侏罗纪盆地,其东延部分形成山西境内的云冈盆地。山西由北往南

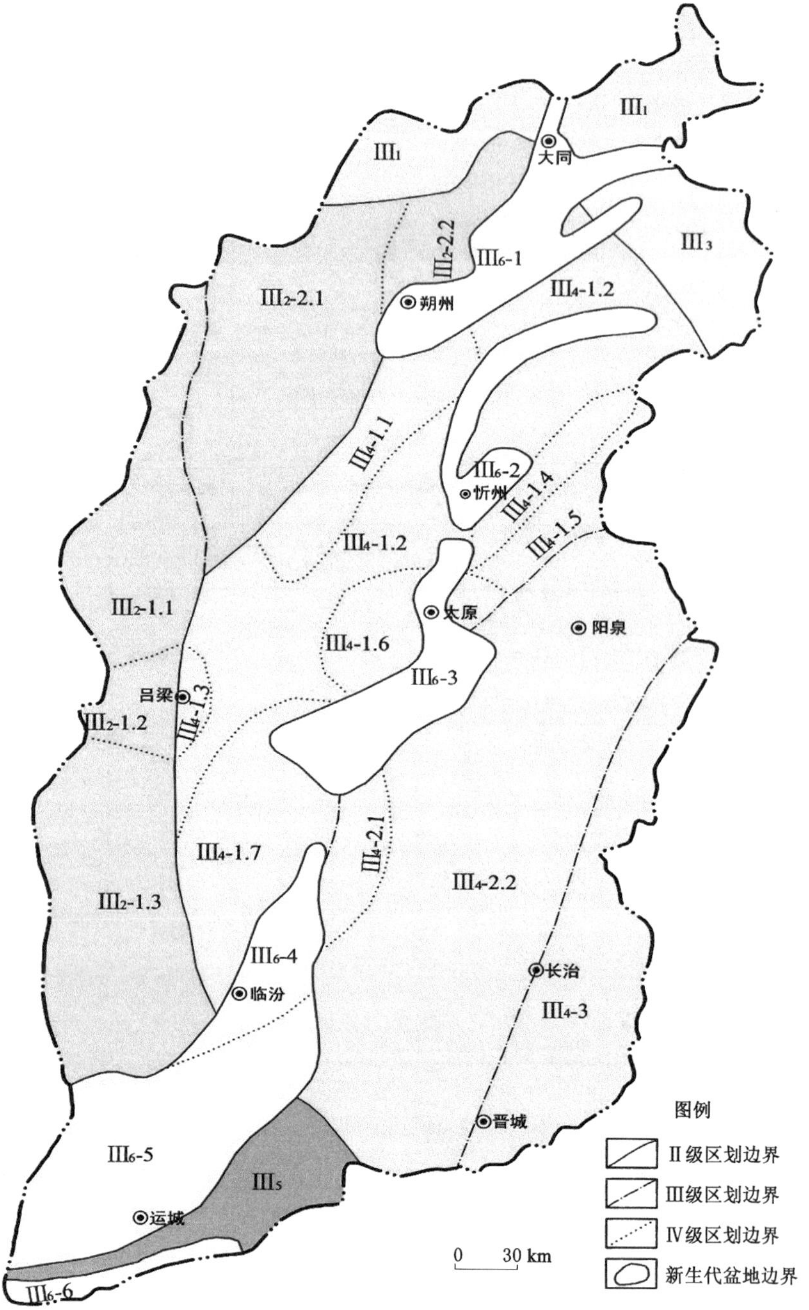

图 3-1 山西中、新生代板内构造区划图

逐渐沉降、沉积，同时伴随着褶皱作用，杜家村—娄烦、罗云山等逆冲断裂带相继活动，吕梁山-五台山隆起，其两侧形成了宁武和沁水两个中侏罗世盆地。煤系地层的埋藏深度依然是北边浅而南边深，承受着较大的温度和压力，沉积速度也逐渐增大。煤的变质程度随埋深的增加越来越高。煤类由长焰煤逐渐演化为焦煤，生烃量也相应呈现增多趋势。大同云冈侏罗系地层的厚度为 620 m，沉积速率为 28 m/Ma，宁武厚度为 1 100 m，沉积速率为 48 m/Ma，沁水厚度约 1 250 m，沉积速率则增大到 83 m/Ma。在山西北部煤平均最大镜质组反射率 $R_{o,max}$ 为 0.65%～1.2%，为低阶至中阶烟煤，属中煤阶，煤级为Ⅱ～Ⅲ级。中部和南部煤平均最大镜质组反射率 $R_{o,max}$ 为 0.8%～1.5%，为中阶至高阶烟煤，属中高煤阶，煤级为Ⅲ～Ⅴ级，见表 3-8。

表 3-8　褶皱期热演化与生烃作用表

构造单元	煤层埋深 /m	古地温 /℃	煤级	煤类	甲烷生成量 /($m^3 \cdot t^{-1}$)
Ⅲ$_2$-2.2	1 480	72	Ⅰ	CY	168
Ⅲ$_2$-1.1，Ⅲ$_4$-1.1	3 120～3 330	128～136	Ⅱ～Ⅲ	QM，FM	229
Ⅲ$_2$-1.2，Ⅲ$_4$-1.6 Ⅲ$_4$-1.7，Ⅲ$_4$-2.2 北	3 890～4 020	155～160	Ⅲ～Ⅳ	FM-JM	250
Ⅲ$_2$-1.3，Ⅲ$_4$-2.2 南	4 180～4 290	165～170	Ⅳ	JM	270

(3) 褶皱期后岩浆热叠加影响阶段

这一时期为侏罗世末—白垩世末，构造活动强烈，地壳内部物质的运移造成强烈的构造热事件，引起异常地温梯度，达到 3.5～8 ℃/hm，使煤的生烃作用快速增长，形成生烃量的第二次顶峰，由干气生成阶段演变为热解气生成高峰。这次构造热事件与区域岩浆活动相联系，局部的岩浆活动和不同的构造-沉积活动引起了煤化作用的非均质性，造成煤变质带，以北纬 35°带和北纬 38°带高煤级煤展布区尤为显著。

本阶段除两个岩浆热变质带外，宁武(Ⅲ$_4$-1.1)、鄂尔多斯东缘(Ⅲ$_2$-1)、沁水盆地(Ⅲ$_4$-2.2)腹部煤层埋深在 1 500～2 000 m 以下，隐伏在煤系下的炙热岩浆的热量叠加在深成变质的背景上，在高温影响下持续发生生烃作用，煤化程度进一步加深。

Ⅲ$_2$-1.1北部和Ⅲ$_2$-2.2为深成变质作用，白垩纪沉积主要在北部边缘，含煤区上覆岩层厚度薄，煤变质没有进展，仍为低阶至中阶烟煤，煤级为Ⅱ～Ⅲ级，煤类为长焰煤和气煤。Ⅲ$_2$-1.1南部和Ⅲ$_4$-1.1、Ⅲ$_4$-1.6北部，浅部为中煤阶，向腹部变质程度逐渐加深，演变为中高煤阶，$R_{o,max}$为0.8%～1.9%，煤类由气煤演变为焦煤、瘦煤，局部因岩浆热叠加影响而出现贫煤和无烟煤。

Ⅲ$_2$-1.2和Ⅲ$_2$-1.3及Ⅲ$_4$-2.2的中部及西部，因深成变质作用的延续，随埋深的增加，煤化作用由中高煤阶演变为高煤阶，$R_{o,max}$由1.5%升至4.0%～6.0%，煤类为焦煤、瘦煤演变为贫煤和无烟煤。

Ⅲ$_2$-1.2、Ⅲ$_4$-1.6南部、Ⅲ$_4$-1.7北部和南部及Ⅲ$_4$-2.2北部和南部受岩浆热叠加影响，$R_{o,max}$为1.5%～6.0%，由中高煤阶演变为高煤阶，煤级为Ⅴ～Ⅹ级，煤类为焦煤、瘦煤、贫煤和无烟煤。

Ⅲ$_4$-1.7中部在燕山期为夹在两个隆起带之间，上覆基岩较薄，煤变质稍有进展，为中煤阶，$R_{o,max}$为0.8%～1.5%，煤级为Ⅲ～Ⅴ，煤类为气肥煤、肥煤和焦煤。Ⅲ$_4$-1.7在喜山期因伸展盆-山作用下陷，形成裂谷盆地，煤层气大量逸散，煤层气含量低，仅在北部上覆基岩较厚处，煤层气含量较高，见表3-9。

表3-9 褶皱期后热演化与生烃作用表

构造单元	煤层埋深/m	保留最大深度/m	古地温/℃	煤级	煤类	甲烷生成量/($m^3 \cdot t^{-1}$)
Ⅲ$_2$-2.2	<2 480	<800	106	Ⅰ～Ⅱ	CY,QM	168～212
Ⅲ$_4$-1.1	<3 300	>2 000	>95～190	Ⅱ～Ⅳ	QM～SM	212～270
Ⅲ$_2$-1.1	<3 100	>2 000	>90～250	Ⅰ、Ⅱ～Ⅸ	CY,QM～WY_3	212～333
Ⅲ$_2$-1.2	<4 000	>2 000	>125～170	Ⅱ～Ⅶ	FM,JM,SM	229～287
Ⅲ$_2$-1.3	<4 000	>2 000	>166～210	Ⅴ～Ⅸ	JM～WY_3	270～333
Ⅲ$_4$-1.6	<3 800	<1 500	>115～235	Ⅲ～Ⅸ	FM～WY_3	229～333
Ⅲ$_4$-1.7	<3 900		>115～235	Ⅱ～Ⅸ	FM～WY_3	229～333

表 3-9(续)

构造单元		煤层埋深/m	保留最大深度/m	古地温/℃	煤级	煤类	甲烷生成量/($m^3 \cdot t^{-1}$)
Ⅲ$_4$-2.2	北	<3 900	>2 000	170～235	Ⅶ～Ⅹ	SM～WY_2	287～333
	南	<4 200	<1 500	>235	Ⅹ～Ⅺ	WY_3,WY_2	333～419
	中、西	<4 200	>2 000	150～>235	Ⅴ～Ⅹ	JM～WY_2	270～333

3.2.2　山西煤层气赋存规律

现有的煤层气赋存和分布状况是由自煤层形成以来其间各种复杂地质事件(构造运动、岩浆活动等)综合结果的反应。煤层气的生成、运移、富集是各种地质因素,包括构造演化、沉积相、盖层性质、水文地质条件等不断演化、组合、相互作用形成的。构造特征、煤变质程度、水文地质条件、煤层埋深、顶底板岩性等构造差异性控制和影响了煤层气的赋存特征,包括煤层渗透率、含气饱和度、储层压力和含气量等。

1) 构造背景对煤层气赋存的控制作用

构造背景是煤层气赋存的基础。山西晚古生代含煤地层聚积后,经历了印支期、燕山期和喜马拉雅期构造变动,其主要构造是在燕山期形成的,局部又经过喜马拉雅期的构造改造。每次构造运动的规模、构造应力场等都不完全相同,因此造成了其对煤层气赋存状况的控制和影响也不尽相同。

燕山期是山西境内构造运动最活跃的时期,其构造形变以广泛发育的逆冲推覆构造、褶皱和北东、北西向断裂系统为主,形成大同、河东、宁武、沁水等4个聚煤(气)盆地的基本构造格局。其中大同、沁水盆地(Ⅲ$_2$-2.2,Ⅲ$_4$-2.2)为弱变形的宽缓向斜构造类型,其西翼的霍西构造区(Ⅲ$_4$-1.7)为伸展构造断陷-断块类型;河东盆地(Ⅲ$_2$-1)为弱变形的缓倾斜构造类型;宁武盆地(Ⅲ$_4$-1.1)为强变形的向斜类型。这些盆地总体构造特征为盆地周边断裂较发育,向深部逐渐由宽缓褶皱演变为近水平的单斜。各盆地中的不同形态、不同力学性质的构造形迹,造成了各盆地中煤层气控气性的不同。如霍西构造区(Ⅲ$_4$-1.7)以导气构造为主,上覆基岩厚度小,煤层气含量普遍较低;宁武盆地(Ⅲ$_4$-1.1)、沁水盆地的西山(Ⅲ$_4$-1.6)和沁水(Ⅲ$_4$-2.2)以阻气构造为主,煤层气的赋存由盆地的周边向盆地腹部逐渐增高。

喜马拉雅期构造运动总体为强烈拉伸的构造环境，并造就了山体整体抬升和雁行排列的新裂陷盆地的沉降。

2）构造类型对煤层气赋存的控制

聚煤盆地中影响煤层气赋存的地质构造基本类型一般包括封闭型和开放型两个大类，有时也存在介于二者之间的半封闭、半开放的过渡类型。

封闭型构造使煤层气不易大量逸散，因此煤储层中煤层气含量较高。这种构造特征主要有以下三种常见类型：

（1）聚煤（气）盆地下沉稳定，接受沉积，煤层埋藏深度较深、上覆地层的盖层比较厚（或上覆盖层是孔隙比较小、透气性比较差的致密岩层），整个煤储层受外界的影响较小，而且受后期构造变形影响比较微弱，使得煤层气可以长期保存在煤层中。

（2）主体构造类型有利于煤层气的保存，如圈闭较好的向斜盆地、被大型逆冲推覆断裂掩覆并伴生逆掩断裂（多为走向式）的背、向斜盆地及煤系中重力滑脱面下封闭的盆地等。

（3）块段的主体构造类型为向斜，其中发育有大量的断裂，或次级背、向斜构造。即使区内局部也存在张性断裂，但整体上构造的特征和分布有利于煤层气的保存。

开放型构造块段煤储层具有孔裂隙通道，有利于煤层气的大量解吸，但煤层气易于逸散，不利于煤层气的有效保存，煤层气含量较低。常见有以下两种基本类型：

（1）由于地壳抬升作用，造成大多数含气区呈半封闭形式，煤层气大量逸散。同时使煤层埋深变浅，煤化作用和煤层气生成过程也基本停止。或者先期抬升，使盖层遭剥蚀，后期又下降，形成较松散的覆盖层堆积，其透气性好，致使煤储层仍处于一种间接暴露状态。

（2）煤储层遭受了以拉伸为主的构造作用，表现为以开启性较好的张性、张扭性断裂为主，其中一部分大、中型断裂切穿顶底板及围岩，造成煤层气因构造作用压力释放使气体沿断裂通道大量逸散。

3）构造形变对煤层气赋存的控制

煤是一类力学性质比较弱的岩体，在构造应力场中，煤既是传递应力的介质，又是受力改造的岩体。在构造应力作用下，煤最容易产生运动和发生结构变化，从而引起煤储层中煤层气发生运移。构造引起的形变对煤层气的分布情况起着非常重要的控制作用。构造形变的发生部位不同，其力学性质和煤层气的封闭情况也不同，进而为煤层气的赋存或排放提供了各种不同的有利条件。

(1) 褶曲对煤层气赋存的控制

煤层气赋存状况受到褶曲类型和褶皱复杂程度的影响。一般来讲，封闭的背斜可以为煤层气的储存提供良好的储存空间。褶曲的基本形态见图 3-2。

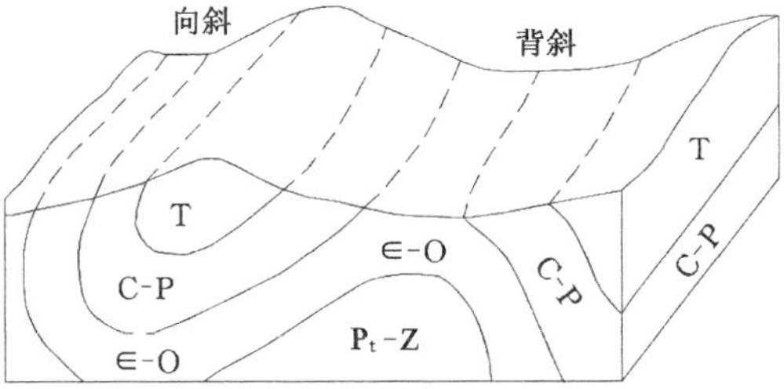

图 3-2　褶曲构造的基本形态

闭合而完整的背斜或穹窿构造形变，当其顶部覆盖有不透气的岩层时，非常有利于煤层气储存。在背斜或穹窿的轴部煤层内一般煤层气储藏较多，压力较大，形成“气顶”[图 3-3(a)、(b)、(c)]。一般来说在相同埋深条件下，在背斜的轴部，煤层气的含量通常比翼部高，但是当背斜轴部的岩层透气较好时，煤层气会向地表大量散失，在背斜轴部煤层气的含量反而比翼部小。

低透气性煤、岩层构成的向斜构造，在向斜的轴部煤、岩层受到强力挤压而使其孔隙率降低，从而造成透气性变得更差，在这种情况下，轴部煤层气的含量比两翼煤层气的含量高，如大同四台矿($Ⅲ_2$-2.2)侏罗系 14 号煤层，构造形变为斜列式短轴褶曲，背斜轴部有 2 个煤层气含量实测点，煤层底板标高为 1 030 m 和 1 061 m，埋深为 269 m 和 193 m，煤层气含量分别为2.98 m^3/t 和 2.90 m^3/t；向斜轴部有 4 个煤层气含量实测点，煤层底板标高分别为 1 017 m、1 018 m、1 013 m、1 007 m，埋深为 246 m、243 m、244 m、293 m，煤层气含量分别为 3.13 m^3/t、3.06 m^3/t、3.11 m^3/t、3.25 m^3/t。而对于高透气性煤、岩层，因为向斜的轴部和两翼孔裂隙发育非常好，对于煤层气的储存是十分不利的，轴部煤层气含量比两翼低得多，如图 3-3(f)所示。煤层局部变厚的大煤包也会出现煤层气含量增高的现象。因为煤层在构造挤压应力

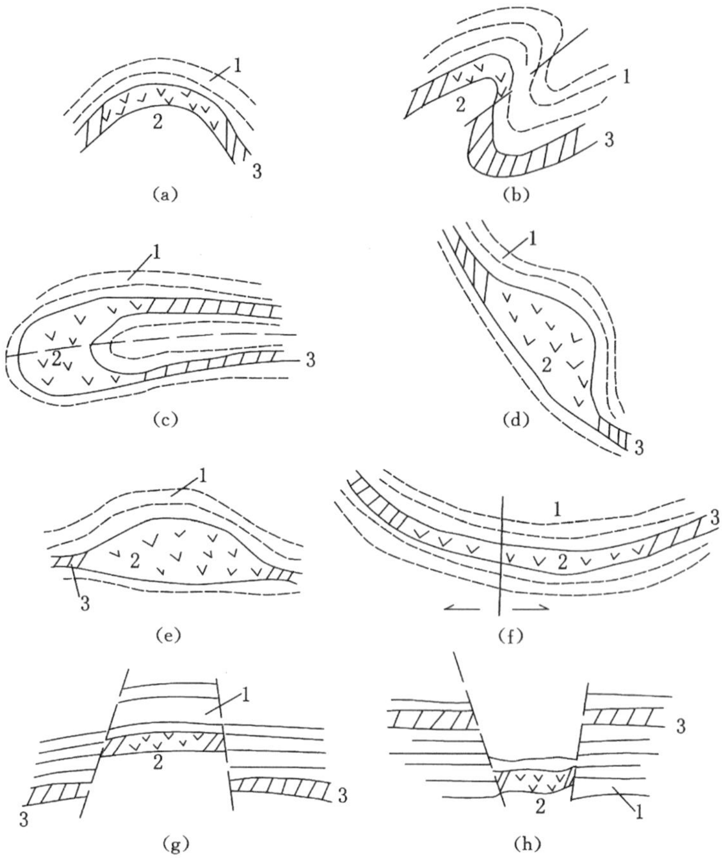

1—不透气性岩层；2—煤层气含量增高部位；3—煤层。

图 3-3　几种常见的煤层气储存结构

作用下形成了煤层气的良好封闭条件，对于煤层气的储藏非常有利[图 3-3(d)、(e)]。由封闭性断层与致密岩层封闭形成的地垒或地堑也能积聚大量的煤层气，使煤层气含量增高[图 3-3(g)、(h)]，如西山古交矿区(Ⅲ$_4$-1.6)煤层开采向腹部延伸时，地堑、地垒部位煤层气含量将会增高。特别是地垒由于往往有深部供气来源，煤层气含量会明显增大。

当含煤盆地是一简单的向斜构造时，在褶曲的转折端煤层气含量减少；而在向斜构造的内部，向斜翼部埋藏较浅处煤层气的含量往往还要高于轴部埋深最大处的煤层气含量。造成这种现象的原因是在轴部位置岩层变形最大，应力最集中，多生成张力裂隙和轴面劈理，从而为煤中气体的运移提供了通道，造成煤层气逸散。褶曲两翼的倾角不同时，在相同埋深处，倾角平缓的煤层较倾角陡的煤层气含量大，因为后者的气体沿煤层运移的路程短而受到的脱气作用较强烈。

高煤层气矿井大部分都位于向斜的轴部、鼻状构造的倾斜端、背斜的鞍部、“S”形背斜转折端等部位。大同煤田（$Ⅲ_2$-2.2）的晋华宫矿、忻州窑矿正位于背斜的转折端，其煤层气含量高于两翼。$Ⅲ_2$-2.2 北部阳泉一矿北头咀六上山、三下山，阳泉三矿一号井的煤与瓦斯突出均发生在北东向“S”形背斜的转折端。

（2）断层对煤层气赋存的控制

断层使煤层原来的完整性发生破坏，迫使煤层气储层、排放环境产生了改变。开放性断层是有利于煤层气排放的断层，封闭性断层是阻碍煤层气排放的断层。断层的开放与封闭性由以下几个条件决定：

① 断层的性质（正断层、逆断层等）和力学性质（张性、压性或压扭性）。张性正断层通常情况下属于开放性断层，而压性或压扭性逆断层由于封闭条件较好，一般为封闭性断层。

② 断层与地面或冲积层的连通情况。规模大且与地表相通或松散冲积层相连的断层一般为开放性断层。

③ 断层带的充填情况、紧闭程度、裂隙发育情况不同，断层开放性、封闭性也不同

开放性断层附近的煤层气的含量会降低。与煤层接触的对盘岩层孔裂隙发育度高导致岩层的透气性好，此时煤层气含量会大幅度降低[如图 3-4(a)、(b)]。封闭性断层处，其煤层围岩层裂隙发育较差、透气性较差时，煤层气外溢受阻，使煤层气含量较高。距离断层一定距离的岩层与煤层的裂隙由于受断层应力带的影响，会因受挤压而降低，进而岩层的透气性也降低，在这种情况下，就会出现煤层气含量增高区。图 3-4(c)和图 3-4(d)表示煤层被两条封闭性逆断层分割成三个段块时煤层气含量分布的情况。

此外，断层的空间方位也会对煤层气的保存、逸散产生一定的影响。

4）水文地质条件对煤层气赋存的控制

水动力对煤层气具有封闭和运移的双重作用。水力封闭作用有利于煤层气的储存，而水力驱替、运移作用则会导致煤层气的扩散迁移并且会在新

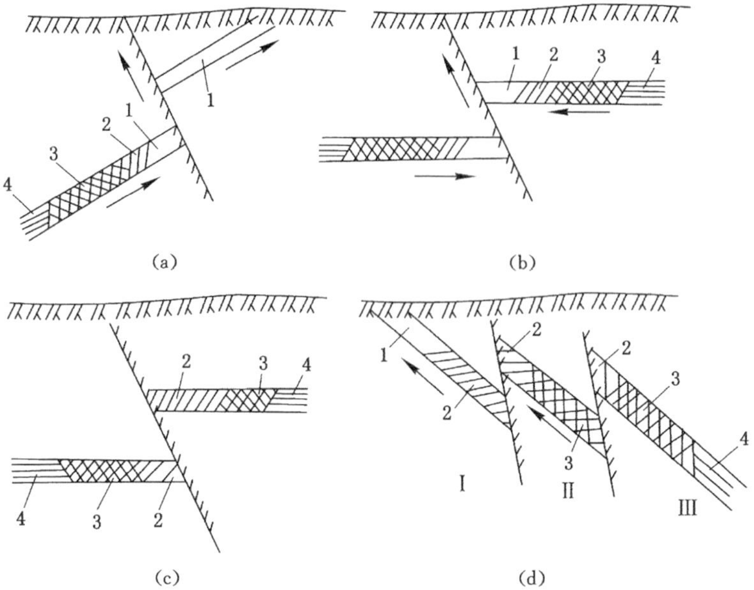

1—煤层气散失区；2—煤层气含量降低区；
3—煤层气含量异常增高区；4—煤层气含量正常增高。

图 3-4　断层对煤层气含量的影响

的地质条件下发生煤层气的聚集。地下水压力与煤层气的含量正相关，而地下水的径流区煤层气含量一般比地下水滞流区低。

山西地貌总的特征为“两山一谷”，西为吕梁山，东南为太行山，中部为汾河、滹沱河、桑干河等河流谷地，它们受控于区域构造演化。山西西侧的黄河谷地、中部汾河等河流谷地，以及东侧华北平原控制了岩溶地下水和上覆煤系中部分裂隙水的排泄基准，在这些地带形成了多泉域岩溶地下水的排泄带。在一般条件下，岩溶地下水的泉域范围即是水文地质单元，其上覆煤系含水层的流场也受其控制(图 3-5)。

从山体的地质结构分析，太行山为向斜山，吕梁山为背斜山。太行山东翼寒武奥陶系翘起，大面积裸露接受大气降水补给，向东侧华北平原排泄，地下水逆地层倾向运移，在地质、地形条件具备的地段溢流成泉。向斜核部含水层埋藏深，地下水运动受阻，形成滞流区。在太行山东翼形成了娘子关、辛安、三姑、延河等“逆置式”泉域系统模式。上覆煤系中含水层在向斜核部埋

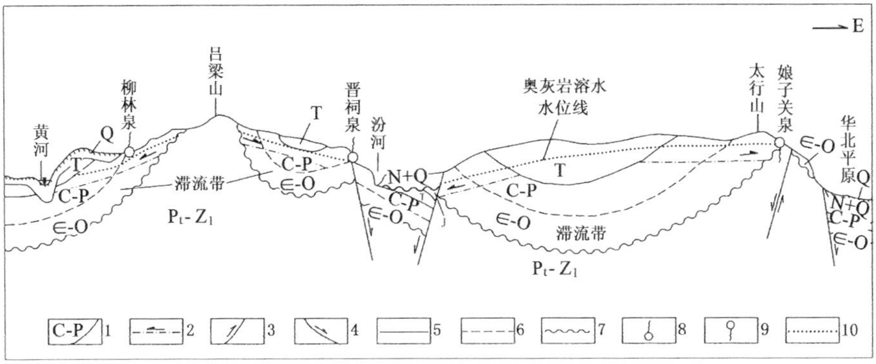

1—地层时代；2—补给-径流带界线；3—逆冲断层；4—正断层；5—整合；6—平行不整合；

7—角度不整合；8—上升泉；9—下降泉；10—奥灰水位线。

图 3-5 山西东西向水文地质剖面示意图

藏深，同样形成滞流区，有利于煤层气赋存。

吕梁山东西两侧为背斜翼部，地层倾向与地形坡向基本一致，地下水向西侧黄河和中部河流谷地的边山带运移、排泄，在地质、地形条件具备时溢流成泉。如天桥泉、柳林泉、郭庄泉、龙子祠泉以及兰村泉和晋祠泉等，均为“顺置式”泉域系统模式。这些泉域对煤层气赋存的影响有两种类型，其一含水层埋藏较浅，地层倾向与地形坡向一致，地下水从地形高处向低处运移；或是波幅较浅的向斜盆地，地下水由两翼向轴部汇集，然后由翘起端向倾伏端流动。如天桥、柳林、郭庄、龙子祠泉等，不利于煤层气的赋存。这些泉域中的含煤(气)盆地，如河曲-保德区(Ⅲ$_2$-1.1 北部)、离石矿区(Ⅲ$_4$-1.3)、霍西煤田(Ⅲ$_4$-1.7)等煤层气含量低，一般为低煤层气矿井的分布区。其二在波幅较大的小型向斜盆地，如宁武盆地(Ⅲ$_4$-1.1)、西山煤田(Ⅲ$_4$-1.6)，泉域地下水的流场位于翼部，向斜核部含水层埋藏较深，地下水运动受阻，形成滞流区。如马圈泉域和雷鸣寺泉域分别在宁武盆地两翼，兰村泉域和晋祠泉域地下水主要在西山煤田的北部边缘和东部边缘运移，向斜核部为滞流区，利于煤层气赋存。

吕梁山西侧黄河切割的地层对煤层气的赋存有明显的影响。保德以北黄河切割了煤系，煤层气大量散失。保德以南黄河仅切割到上二叠统和三叠系，煤系中的含水层和奥灰岩溶含水层埋藏在黄河河谷之下，据河东煤田三交详查资料，寒武奥陶系埋深 600～1 000 m，岩溶发育程度减弱，地下水流动缓慢，其以下成为滞流区，上覆煤系中含水层流场条件受其控制，在浅部地下水活动带不利于煤层气赋存，往深部缓流带和滞流区有利煤层气赋存。

煤层气区域分布规律与地下水等水位线总体形态之间具有对应关系，如沁水煤田（$Ⅲ_4$-2.2 北部）寿阳—阳泉地区。3 号煤层高煤层气区域与地下水等水位线的局部低洼带高度吻合（图 3-6）。

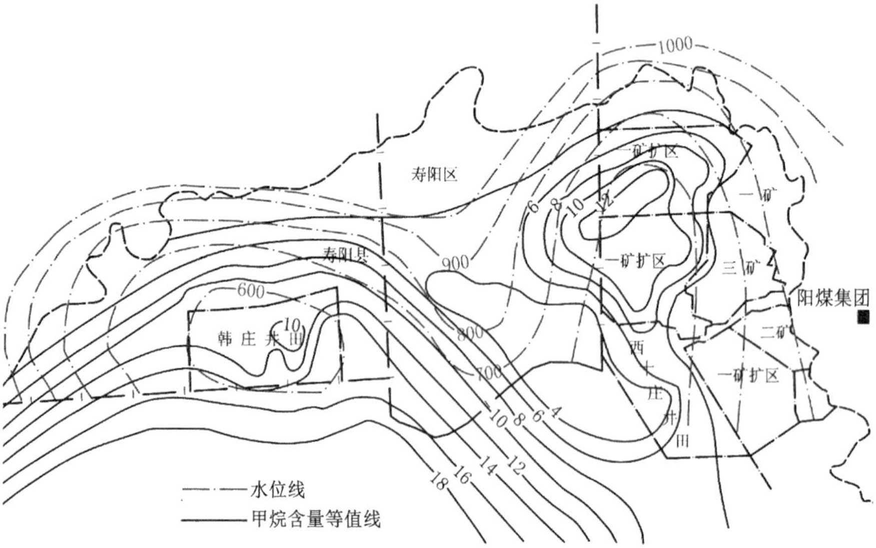

图 3-6　寿阳—阳泉矿区山西组含水层地下水等水位线和 3 号煤层甲烷含量等值线图

沁水煤田晋城矿区（$Ⅲ_4$-2.2 南部）地下水分水岭位于樊庄中部高村-南庄一线（图 3-7）。

（1）分水岭以南的地下水流场：北界地下水由分水岭向南径流；东部为露头区，接受大气降雨补给，地下水由东向西、由南向北径流；西侧地下水在西南部接受露头降水补给，一部分地下水能过西部边界寺头断层向西排泄，另一部分通过北东向分水岭作用使地下水由南西向北东径流，这样形成了向中部汇流之势。

（2）分水岭以北的樊庄中部和北部，地下水基本为单向流动，东部为露头区，接受大气降水补给，向西部径流，到深部地下水径流强度减弱；南侧从分水岭向西北流动。浅部是煤层气逸散带，含气量低，深部地下水径流缓慢，煤层气被保存并富集（图 3-8）。

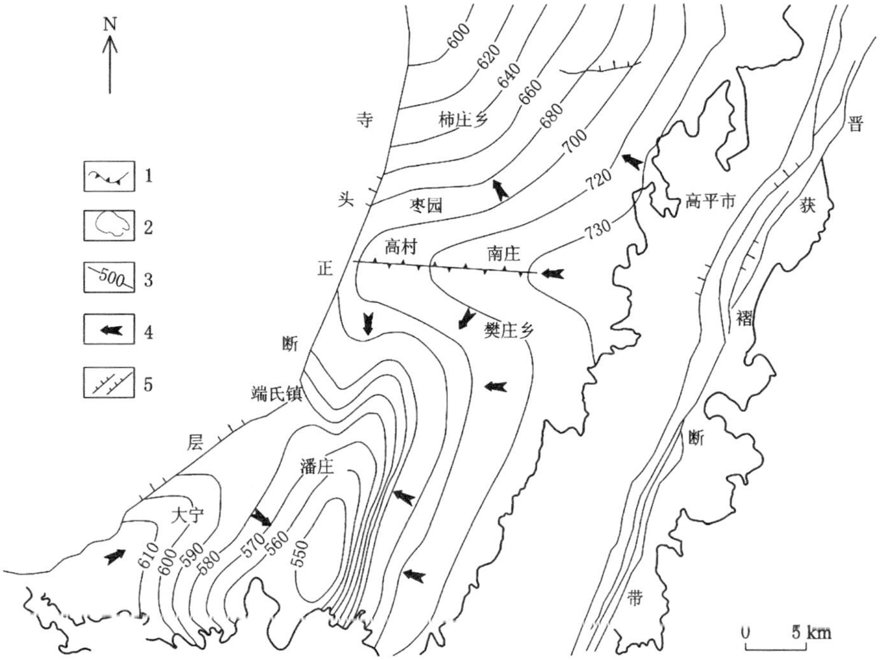

1—地下分水岭；2—3 号煤层露头线；3—等水位线；4—地下水径流方向；5—断层。

图 3-7 晋城矿区山西组含水层地下水流场图

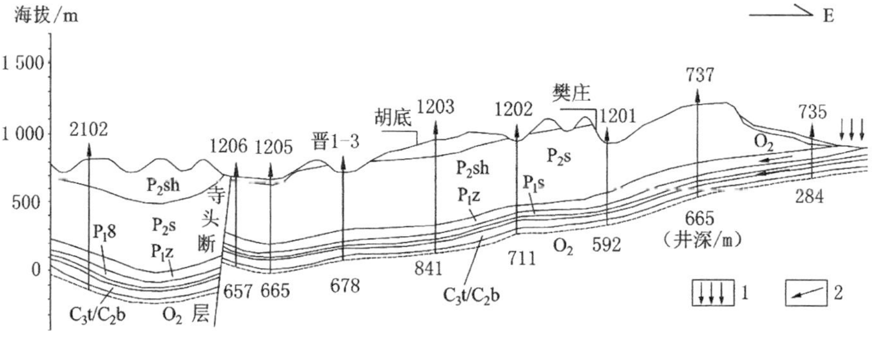

1—降雨补给；2—地下水径流方向。

图 3-8 晋城矿区地质剖面及地下水径流示意图

河东煤田三交区（Ⅲ₂-1.2）地下水流动方向与地层倾向一致，在中部为由东南向北西流动，在碛口镇以南因地层走向转为近南北向，地下水流向变为由东向西流动,在林家坪井组南侧附近存在一高位势带。山西组和太原组地下水氯离子含量等值线图(图3-9)表明,林家坪井组位于氯离子含量低异常带,这些资料表明,林家坪井组位于地下水的强径流带。

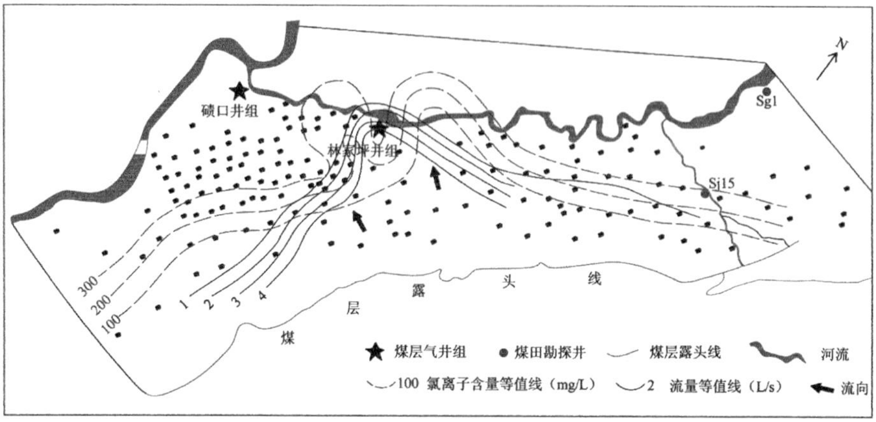

图3-9 河东煤田三交区氯离子含量及地下水流量等值线图

野外勘探发现林家坪井组西南约200 m处的Sg3井地下水自溢,自流水为乳白色,装入杯中后,水面点火可燃,数分钟后水体由乳白变为清澈透明状,表明地下水含溶解气。

由此可见,碛口井组和林家坪井组所处的水文地质环境不同,碛口井组的水文地质环境较稳定,封闭性较好,而林家坪井组水文地质环境的稳定性和封闭性较差,地下水和地表水交替强烈,使煤层气以水溶状态运移散失,导致煤层含气量和含气饱和度降低,进而使气产量降低(表3-10、表3-11)。

表3-10 Sj11、Sj13和Sj14井含气量数据

煤层号	林家坪井组/($m^3 \cdot t^{-1}$)		碛口井组/($m^3 \cdot t^{-1}$)
	Sj11	Sj13	Sj14
4/5	5.86	6.24	15.77
8	9.57	7.86	15.18
9	7.54	7.35	11.89

表 3-11 Sj11 和 Sj14 井含气饱和度数据

煤层号	林家坪井组/%	碛口井组/%
	Sj11	Sj14
4/5	50.52—74.11 / 61.04(3)	87.89—100 / 97.07(4)
8	54.27—57.16 / 55.7(2)	83.12—84.14 / 83.6(2)
9	54.46—65.93 / 60.3(2)	76.44—78.62 / 77.53(2)

注：数据形式为$\frac{\text{最小值—最大值}}{\text{平均值(样品数)}}$。

5）煤层围岩对煤层气赋存的影响

煤层围岩由不同岩性的岩石所组成，包括煤层直接顶、基本顶和直接底等在内的一定厚度范围的层段。围岩均存在一定的孔隙和裂隙，其孔隙与岩石成分、结构、胶结物等因素有关。一般来说，如果中粗粒以上的矿物碎屑占绝对优势或者岩石的胶结物、杂质含量少，则此类岩石一般孔隙发育，透气性好。

煤层围岩的封闭性主要受围岩岩性及围岩侧向分布范围两方面因素的控制。根据山西省含煤岩系的岩性组合特征，可以将煤层围岩划分为 5 种类型。

(1) 油页岩型

这种围岩的封闭性能非常好，岩性致密坚硬，延伸范围大，对煤层气起到了良好的封闭作用。山西省内可能在垣曲古近纪煤系中有分布。

(2) 泥岩型

泥岩也具有良好的封闭性能，同时有较高的突破压力。沁水煤田（$Ⅲ_4$-2.2）中部和南部、河东煤田南部（$Ⅲ_2$-1.3）多以泥岩为围岩，含气量较高。

(3) 砂泥岩互层型

它由砂岩和泥岩互层组成，对煤层气的封闭能力不如前两类。在山西省中部和南部太原组上部层段较为常见。

(4) 石灰岩型

石灰岩进一步又可分为两类。第一类是构造运动不强烈地区的石灰岩，其裂隙、溶洞均不发育，因此封闭性较好，如河东煤田南部和中南部、晋城矿区北部等太原组石灰岩。第二类石灰岩的裂隙和岩溶均较发育，封闭能力差，如西山煤田（$Ⅲ_4$-1.6）和沁水煤田（$Ⅲ_4$-2.2）北部阳泉矿区局部地段太原组石灰岩。

（5）砂岩型

砂岩对煤层气的封闭能力很差。但当砂岩的孔隙率等储集条件降低时，对煤层气可具有一定的封闭作用，从而形成一些局部岩性封闭煤层气高含量区，在河东煤田北部（$Ⅲ_2$-1.1）、大同煤田（$Ⅲ_2$-2.2），宁武煤田（$Ⅲ_4$-1.1）、西山煤田（$Ⅲ_4$-1.6）、寿阳-阳泉矿区（$Ⅲ_4$-2.2 北部）的北部等煤系中砂岩较发育。

3.3 离柳地区煤层气资源储量及地质条件

3.3.1 离柳地区大地构造位置

离柳地区位于鄂尔多斯盆地东部边缘、河东煤田的中南部，属华北地层区，呈南北向条带状展布。东为煤田边缘煤层露头线，跨鄂尔多斯板内拗陷带、鄂尔多斯东缘板拗和山西板内造山带、五台山—吕梁山板隆两个Ⅲ级构造单元。西与五台山—吕梁山块隆相毗邻，北与河曲—临县块拗相毗邻。

3.3.2 离柳地区地质构造分布特征

本区域在中新生代构造强烈活动时期形成的地质构造具有自身的特色。主要构造形迹分为三交—柳林和石楼两个构造区。

（1）三交—柳林区构造特征

三交—柳林区在北东向吕梁复背斜西翼与鄂尔多斯南向拗陷的吕梁复背斜西翼复合部位，形成了特有的鼻状构造。依据构造的形变及展布，可进一步划分为三个次级构造单元，即离石向斜、王家会背斜、柳林-吴堡鼻状构造。

（2）石楼区构造特征

构造区以石楼褶皱群为主，分布于柳林县留誉镇以南，隰县以北，东西宽不足 10 km 的范围内。在石楼及周围地区更为明显，由南北向或近南北向的褶皱组成，分布在二叠系、三叠系中。包括石楼背斜、王家庄向斜、马门庄背斜、麻家庄向斜及后王村背斜等。

3.3.3　离柳地区煤层特征

1）煤系地层

本区域主要含煤地层包括石炭—二叠系太原组及山西组，含煤地层总厚平均 116～137.00 m，共含煤 11～13 层。煤层总厚平均 8.96～14.50 m，含煤系数 6.59%～12.50%，其中局部可采和大部可采煤层总厚平均 6.26～11.5 m，含可采煤层系数 4.60%～9.9%。

太原组 8 号、9 号、10 号，山西组 4 号、5 号为主要可采煤层。

(1) 太原组

① 10 号煤层

10 号煤层为太原组近底部的煤层，时代属晚石炭世，厚 1～3 m，主要分布于柳林区南部三川河以南，底板为灰白色黏土岩，顶板为黑色含菱铁结核泥岩，层位稳定。

② 9 号煤层

9 号煤层位于太原组下部，与 10 号煤层形成环境相似，在招贤以北煤厚 3～6 m，一般大于 4 m，向南至成家庄一带变薄尖灭，更向南至矾水沟以南和曹家山矿一带厚度又增至 4 m 以上，个别可达 8～9 m，向深部变薄。9 号煤常为复杂结构，含夹矸 2～3 层。

③ 8 号煤层

8 号煤层形成于早二叠世海侵之初，在海平面缓慢上升的海岸沼泽环境下形成，煤层厚度不算很大但煤质好，一般不含夹矸，黏土悬浮混入物很少，煤灰分特低，为煤层气主要勘探对象之一。缺点是石灰岩顶板形成时的碱性环境，造成煤中黄铁矿含量较高，为中至高硫煤。煤层最厚在聚财塔至柳林区深部，厚约 5～6 m；在三交区浅部为 3～4 m，骆驼局、成家庄至聚财塔之间变薄至 2～3 m；柳林矿以南为 4～5 m，向东南方向变薄。

(2) 山西组

① 5 号煤层

5 号煤层煤层分布于山西组底部砂岩之上，常含夹矸，煤层结构复杂，煤灰分产率也较高。尽管煤质相对较差，但因厚度大，也是主要勘探对象之一。煤层发育最好者分布在北部招贤、骆驼局深部，最厚可达 7 m 多，向裕民矿深部略变薄。南部柳林县城西北实验井场附近和曹家山矿一带，煤层也有 4 m

以上。但在中部大庄矿至聚财塔之间，由于后来活动的三角洲分流河道自西向东流过，煤层被冲刷造成宽 12 km 的无煤带。

② 4 号煤层

4 号煤层距 5 号煤层间距仅数米，为上、下三角洲平原之间过渡带的沉积，三角洲水上分流河道天然堤较高，决口越岸作用较下三角洲平原区要少，是三角洲平原上最有利的成煤环境，因而煤层厚而稳定，煤质灰分低，淡水沼泽不利于硫细菌的繁殖，煤中黄铁矿少，所产低灰、低硫的主焦煤闻名全国。煤层最厚 5 m 多。厚煤层分布于骆驼局深部至柳林县城之间，在招贤以北和曹家山矿以南变薄甚至尖灭。

2）煤类与煤质

本区段山西组煤类以肥煤为主，焦煤次之，煤质为中灰、低硫炼焦用煤。太原组煤类以焦煤为主，肥煤、瘦煤次之，煤质为中灰、中硫炼焦用煤；柳林南区山西组煤类为焦煤，煤质为特低-中硫炼焦用煤。太原组煤类以焦煤为主，瘦煤次之，煤质为中高硫炼焦用煤；离石区各煤层煤类以瘦煤为主，山西组 4、5 号煤层局部为焦煤，煤质为中灰、中高硫、高热值炼焦用煤。

3.3.4 煤层埋深及上覆基岩厚度对煤层气赋存的影响

根据所收集到的煤层气参数的测试数据，结合测试地点煤层埋藏深度、上覆基岩厚度，分别得出离柳地区矿井主采煤层埋藏深度、上覆基岩厚度与煤层气含量的关系模型（见表 3-12 和表 3-13）。

表 3-12　离柳地区各矿井主采煤层埋深与煤层气含量关系

矿名	3 号煤层埋深与煤层气含量关系	4 号煤层埋深与煤层气含量关系	5 号煤层埋深与煤层气含量关系
双柳矿	—	$y=0.026x-9.210$ $R=0.9879$	—
沙曲矿	$y=0.0136x+3.614$ $R=0.8296$	$y=0.020x+2.083$ $R=0.7937$	—
贺西矿	$y=0.0128x+3.1545$ $R=0.6760$	$y=0.016x+2.460$ $R=0.7655$	—
邓家庄	—	—	$y=0.023x-1.223$ $R=0.9105$

注：y——煤层气含量(daf)，m^3/t；x——煤层埋深，m。

表 3-13　离柳地区各矿井主采煤层上覆基岩厚度与煤层气含量关系

矿名	3号煤层上覆基岩厚度与煤层气含量关系	4号煤层上覆基岩厚度与煤层气含量关系	5号煤层上覆基岩厚度与煤层气含量关系
双柳矿	—	$y=0.023x-7.005$ $R=0.9736$	—
沙曲矿	$y=0.0193x+0.9508$ $R=0.9144$	$y=0.024x+0.924$ $R=0.8325$	—
贺西矿	—	$y=0.023x+1.171$ $R=0.8786$	—

注：y——煤层气含量(daf)，m^3/t；x——煤层上覆基岩厚度，m。

从表 3-12 和表 3-13 可看出，离柳地区各矿井主采煤层埋深与煤层气含量相关性均较好，与上覆基岩厚度相关性也明显，充分说明，随着埋藏深度增加，上覆基岩厚度增大，煤层气含量逐渐升高。

3.3.5　顶底板岩性对煤层气赋存的影响

围岩的封闭性对煤层气含量有着重要的影响。直接顶、底板为泥岩、碳质泥岩或砂质泥岩，一般封闭性好，有利于煤层气赋存[图 3-10(a)]；煤层顶板为封闭层，底板为渗透层时，对煤层气赋存不利[图 3-10(b)]；煤层顶板为渗透层，下伏隔层时，对煤层气赋存不利[图 3-10(c)]；煤层顶底板均为泥质岩类，但若发育张性断裂时，对煤层气赋存不利[图 3-10(d)]。

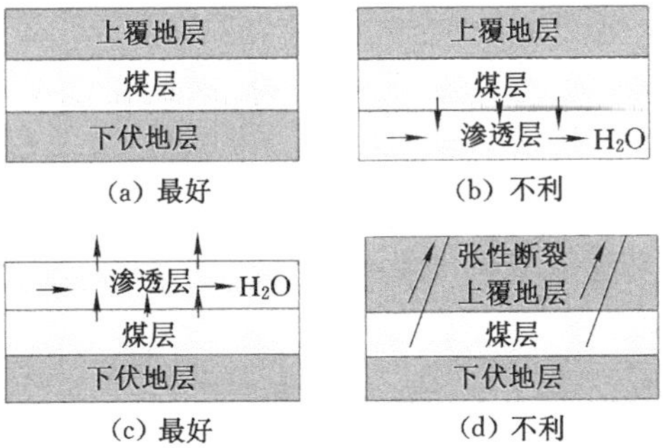

图 3-10　煤层上覆层、下伏层与煤层气保存差异图

本区各个矿井顶底板岩性数据不一，通过对有顶底板岩性数据的矿井顶

板 20 m 内与底板 20 m 内泥岩与煤层气含量进行回归分析（排除构造发育区），得出相应的数学模型，并分析顶底板岩性对煤层气赋存的影响。离柳地区各矿井 4(3+4)号煤层顶底板岩性与煤层气含量关系见表 3-14。

表 3-14　离柳地区各矿井 4(3+4)号煤层顶底板岩性与煤层气含量关系

矿名	顶板泥岩厚度与煤层气含量关系		底板泥岩厚度与煤层气含量关系	
双柳矿	$y=0.0348x-0.088$	$R=0.8087$	$y=0.0468x-0.505$	$R=0.9077$
贺西矿	$y=0.33x+3.3396$	$R=0.8456$	—	—

由表 3-14 可知，顶底板封闭作用良好，煤层气较易保存，本区煤层气含量较大。可以看出煤层的顶底板岩性也是影响煤层煤层气含量的一种因素。

3.3.6　水文地质条件对煤层气赋存的影响

本区域属柳林泉域，为吕梁山复式背斜西翼中受各类边界条件控制的次一级岩溶水文地质单元。地下水总体由东向西渗流，由柳林泉排泄，具有一个良好的统一含水系统。

本区域东部边缘分布一系列近南北向断裂，抬升煤系地层，形成煤层风氧化带边界，静水压力低，造成煤层气沿煤层露头散失、空气混入，甲烷含量降低，涌出量小（如兴家沟矿、宏盛安泰矿）。随着地质构造向腹部逐渐转为东浅西深的单斜构造（伴生幅度较大的宽缓褶曲）的变化特征，地下水循环交替缓慢，径流条件由强变弱，水位埋深加大，至西缘边界形成地下水动力封堵边界，以致煤储层压力异常高压，提高煤层吸附量，甲烷含量升高（如贺西矿、沙曲矿）。据煤田勘探钻井资料、煤层气井资料及浅部煤矿开采资料知，柳林-吴堡地区太原组 8 号煤层储层压力与地下水位埋深有着密切联系。据静水压力得出 8 号煤层储层压力范围为 1～13 MPa，西部地区处于高压区(10.30～14.70 kPa/m)（图 3-11）。

侧向上，本区域西南部由于地堑式断裂带（聚财塔断层组，沙曲矿井北部）而形成开放性断层煤层气气藏边界，同时断层带又为地下水排泄区，造成煤层气沿排泄区的开放性断层散失，不利于煤层气赋存（图 3-11）。

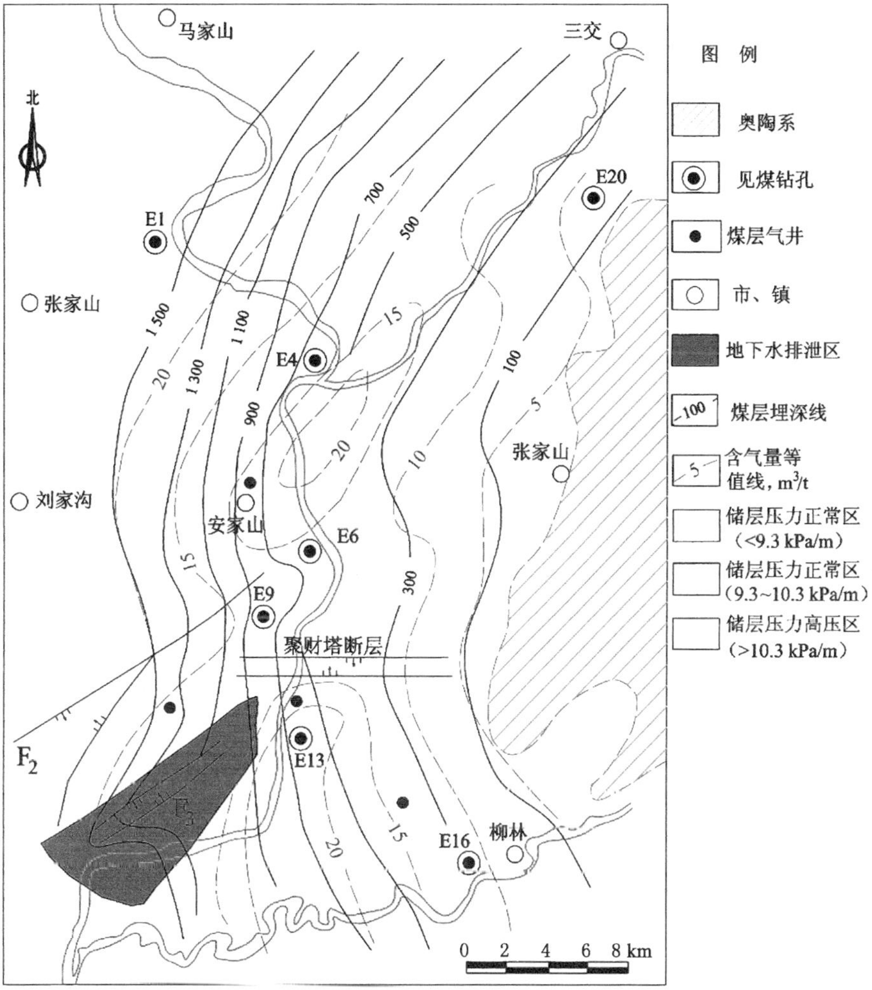

图 3-11　柳林地区 8 号煤层储层压力区、埋深线与含量关系图

3.3.7　离柳地区煤层气赋存分布特征

离柳地区 5 对国有重点矿井中，邓家庄矿为低瓦斯矿井，其余 4 对为高瓦斯矿井，分别是双柳矿、沙曲矿、贺西矿和西坡矿，其中沙曲矿还为突出矿井。本区 3 号、4 号煤层稳定，几乎整个区域可采。根据各矿井资料，统计得出 5 对矿井各煤层煤层气含量(表 3-15)。

表 3-15　离柳地区各矿井煤层煤层气含量、成分一览表

矿名	煤层气含量/($m^3 \cdot t^{-1}$)			煤层气成分/%			
	3 号煤层	4(3+4)号煤层	5(4+5)号煤层	3 号煤层		4 号煤层	
				CH_4	N_2	CH_4	N_2
双柳矿	—	1.34～14.91	—	—	—	—	—
沙曲矿	7.72～24.88 12.55	7.32～17.82 10.89	—	90.79～98.69 94.46	1.42～7.07 2.74	79.53～99.3 93.29	2.02～18.71 6.64
贺西矿	4.52～9.12 7.32	6.66～17.82 10.22	—	54.23～99.39 80.79	0.08～45.77 18.63	90.00～99.53 95.04	0.28～8.98 2.32
西坡矿	—	—	2.3～15.3 9.29	—	—	—	—
邓家庄矿	—	—	4.36～8.37 6.53	—	—	—	—

横向上，煤层埋深总体趋势由东而西逐步加大，煤层气含量也随之升高(图 3-11)。本区域东部，各矿井受区域地质构造影响较大，断裂构造发育，造成煤层埋藏相对浅，加之处于柳林泉域东部径流区，水动力条件强，煤层气含量明显偏低；本区域中、西部大体为一东浅西深、南北走向的单斜构造，煤层埋深逐步增加。地质构造简单，褶曲相对发育，常构成开阔复向斜，造成构造高压区，形成滞流水承压封闭。此外，本区域西部为地下水动力封堵边界，水动力条件弱，静水压力升高，利于煤层气赋存。

纵向上，本区域部分地段上组煤煤层气含量高于下组煤，据煤层气井及煤矿开采资料知，8 号煤层直接顶板为 L1 灰岩，煤层气含量与太原组静水压力有着密切联系，而下组煤水动力条件强于上组煤，从而造成垂向上煤层气含量的差异。

3.3.8　离柳地区煤层气资源量预测

按照煤层气资源/储量规范(DZ/T 0216—2010)，离柳地区煤层气资源量估算选择体积法。按镜质组最大反射率<0.7%、0.7%～1.9%、>1.9%，以煤层埋深<1 500 m、1 500～2 000 m 和煤层含气量 1～4 m^3/t、4～8 m^3/t、>8 m^3/t 为依据划分为 6 个块段，每个块段作为一个计算单元。通过收集的大量煤层气含量资料，包括各矿井、矿区煤层气含量实测数据以及煤层气勘查成果，依此估算各块段的平均含气量。褐煤和长焰煤、炼焦煤、贫煤和无烟煤含气量下限分别为 1 m³/t、4 m³/t、8 m³/t，小于下限含气量区域的煤层气资源量另行单独估算。以上述计算原则计算离柳地区煤层气资源量，其结果见表 3-16、表 3-17 以及图 3-12。

表 3-16 离柳地区煤层气资源量估算表

煤层气块段	埋深/m	$R_{o,max}$/%	含气量/($m^3 \cdot t^{-1}$)	煤厚/m	视密度/($g \cdot cm^{-3}$)	采用含气量/($m^3 \cdot t^{-1}$)	面积/km^2	煤炭储量/亿 t	煤层气储量/($\times 10^8 m^3$)
SJL～1	<1 500	0.7～1.9	4～8	9.0	1.35	6.00	220.48	26.79	160.73
SJL～2	<1 500	0.7～1.9	4～8	8.0	1.35	6.00	58.57	6.33	37.95
SJL～3	<1 500	0.7～1.9	>8	9.0	1.35	16.00	1 003.49	121.92	1 950.79
SJL～4	<1 500	0.7～1.9	>8	9.0	1.35	16.00	487.09	59.18	946.90
SJL～5	<1 500	0.7～1.9	>8	9.0	1.35	8.20	89.23	10.84	88.90
SJL～6	<1 500	>1.9	>8	9.0	1.35	22.00	278.37	33.82	744.09
SJL～7	<1 500	0.7～1.9	>8	9.0	1.35	20.00	82.83	10.06	201.27
SJL～8	<1 500	0.7～1.9	>8	9.0	1.35	20.00	29.02	3.53	70.52
SHL～1	<1 500	>1.9	>8	9.0	1.42	20.00	113.480	14.50	290.05
SHL～2	<1 500	0.7～1.9	4～8	7.0	1.42	6.00	145.89	14.50	87.01
SHL～3	<1 500	0.7～1.9	>8	8.0	1.42	16.00	749.38	85.13	1 362.07
SHL～4	<1 500	>1.9	>8	7.0	1.42	20.00	454.21	45.15	902.96
SHL～5	1 500～2 000	>1.9	>8	7.0	1.42	22.00	265.68	26.41	581.00
SHL～6	1 500～2 000	>1.9	>8	9.0	1.42	22.00	287.23	36.71	807.58
SJL～9	1 500～2 000	0.7～1.9	>8	9.0	1.35	22.00	344.02	41.80	919.57

表 3-17 离柳地区不同埋藏深度煤层气资源量分布表

含气区	埋深/m	面积/km^2	煤炭储量/亿 t	煤层气储量/($\times 10^8 m^3$)
小于含气量下限	<1 500	1 817.03	215.69	718.36
大于含气量下限	<1 500	3 712.03	431.75	6 843.24
	1 500～2 000	896.93	104.92	2 308.14
小计	<1 500	5 529.06	647.44	7 561.61
	1 500～2 000	896.93	104.92	2 308.14
	2 000 以浅	6 425.99	752.36	9 869.75

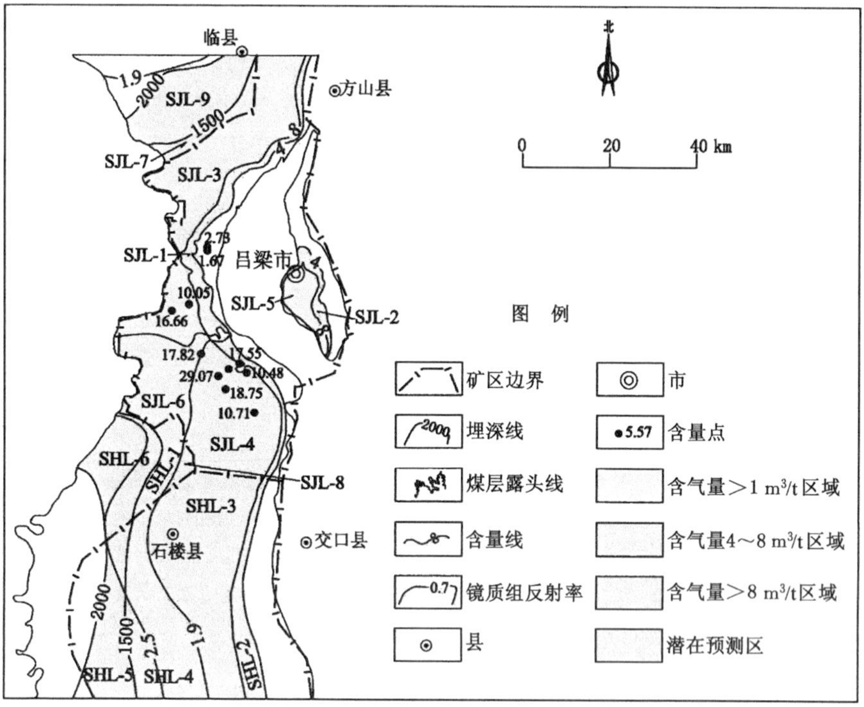

图 3-12　离柳地区煤层气资源量估算图

3.4　离柳地区煤层气勘探、开发及利用现状

3.4.1　离柳地区煤层气勘探现状

离柳地区位于山西省西部河东煤田中南部，在吕梁地区的离石、柳林、中阳、石楼等县境内，属于鄂尔多斯盆地东部边缘，是山西省重要的煤炭、焦炭生产基地和煤层气资源储量较丰富的地区，同时也是国家“陕京二线”“陕京三线”“榆济线”等天然气主干管线网覆盖的地区。总体上为走向南北、向西倾斜的单斜构造，地层倾角平缓。区内主要含煤地层为石炭系上统太原组和二叠系下统山西组，共含煤 10～17 层，煤层累计厚度 20 m 左右，煤质以焦煤为主，肥煤次之，另有少量贫瘦煤，煤的变质程度自上而下逐渐加深。

离柳地区煤层气资源主要分布在三交北、三交-柳林、石楼三个含气区，其煤层埋深适中，煤层厚度大、倾角较小，渗透率高，含气饱和度高达80%，开采条件有利。离柳矿区作为离柳地区的重点开发矿区，煤层瓦斯含量相对较高，深部井田多为高瓦斯矿井，具有丰富的煤层气资源。据估算，矿区内1 500 m以浅煤层气资源量约 5 506.52×10^8 m^3；离柳地区 1 500 m 以浅煤层气资源量约为 7 561.61×10^8 m^3。

离柳地区主要由中联煤层气有限责任公司和中国石油煤层气公司及合作方进行开发。2010 年获国家批准的探明含量为 1 045×10^8 m^3，其中，中联煤层气有限公司获得地面开采煤层气探明储 55×10^8 m^3，中国石油获得地面开发煤层气探明储量 990×10^8 m^3。中国石油完成井数 76 口，其中探井 36 口，水平井 20 口，丛式井 20 口。

3.4.2　离柳地区煤层气开发现状

20 世纪 90 年代初，在国外开发利用煤层气成功实践的影响下，华晋焦煤公司率先与美国安然公司合作在三交地区开展煤层气资源评价，随后地矿部华北石油地质局在柳林杨家坪实施联合国开发计划署(UNDP)资助的“深层煤层气勘探”项目，并与澳大利亚洛威尔(Lowell)公司合作在柳林地区进行煤层气勘探。1995 年国家成立中联煤层气有限责任公司后，由新成立的中联公司牵头对离柳地区的煤层气勘探工作进行统一规划，共划分出 4 个煤层气对外合作区块：三交北区块，三交区块，柳林区块和石楼区块。到 2001 年年底，矿区先后施工煤层气井 38 口，并形成三个先导试验 UNDP 项目试验区(7 口井)。除最初的 6 口专门进行取芯分析的评价孔外，其他 32 口井均按生产井标准施工。生产试验井的深度均在 500 m 左右，生产套管下至井底并注水泥固井，用井下射孔工具打开目标层后，采用压裂工艺完井，随后安装排水设备进行先导性生产试验。在钻井过程中有针对性地对部分目标煤层进行取芯评价和地层测试。通过煤芯分析、地层测试以及小井组先导性生产试验，矿区的煤层气勘探开发研究取得了一定的成果，获得了大量的煤储集层含气量、等温吸附/解吸特征、原始地层压力、含气饱和度、渗透率、气/水生产试验数据，为我国煤层气事业积累了宝贵的经验。多年来离柳地区丰富的煤层气一直停留在勘探开发阶段，直到 2011 年，临县三交煤层气 CNG 试验工程终于实现了供气，彻底改变了离柳地区煤层气一直得不到利用的局面。到 2018 年，地面煤层气产能达到 25×10^8 m^3，瓦斯年抽采量超过 1×10^8 m^3 的矿井1个。

3.4.3 离柳地区煤层气利用现状

离柳地区煤层气开发起步早，但发展慢，到目前为止，利用量小，利用率低，没有形成规模，仍然处于起步阶段。离柳地区从2000年开始实施煤层气利用工程以来，既有民用，还有商饮服务用户和工业用户，煤层气主要用作民用燃气、化工原料、汽车燃料和发电。

1）民用燃气

离柳地区地面抽采高浓度煤层气民用主要通过三种途径：一是通过短距离管道供应附近用户使用，主要集中在矿区或离矿区距离较近的城镇；三是通过CNG(压缩天然气)运输槽车向远距离居民供应；三是直接进入国家和省级天然气管网。大部分矿井提供的瓦斯气热值接近于天然气，主要供居民炊事、采暖及公用事业用，而平均价格低于天然气价格。

目前，离柳地区的民用燃气已覆盖吕梁地区两市一区四县，共有气化人口近50万人，离柳区城市全部实施城市燃气，民用燃气达 1.1×10^{8} m^{3}。其中，柳林县有城市人口10万人，有3 000户居民使用煤层气，公共建筑用户50户，分户采暖240户，集中采暖面积 15×10^{4} km^{2}，夏季空调面积 60×10^{4} m^{3}，商饮服务用户50户，目前每天用气量约为 13×10^{4} m^{3}。

2）工业燃料及化工原料

煤层气作为优质、清洁、价廉的能源，其热值与天然气基本相当，燃烧后很洁净，是上好的工业燃料，被广泛用作于工业锅炉、陶瓷生产和氧化铝焙烧等。如煤层气用于耐火材料煅烧可将温度提升到1 800 ℃，在不增加成本的前提下，可生产出更优质的产品。高纯度的煤层气可以作为化工产品的原料，可用于生产氨及化肥、甲醇及其加工产品、乙烯及其衍生产品、乙炔及炔属精细化学品、合成气及其羰基合成产品等大宗化工产品以及生产甲烷氯化物、二硫化碳、氢氰酸、硝基烷烃、氦气等化工产品。由于现在原油价格上涨，导致化工企业的生产成本提高，煤层气可以在一定程度上解决原料短缺的问题。在煤层气生产化工产品的技术上也发展迅速，新技术、新理论不断提出，如甲烷在固体酸催化剂表面发生异裂而生成甲基正碳离子，以甲烷为原料制作燃料电池、汽车燃料等。目前，离柳地区每年化工产业煤层气使用量为 57×10^{8} m^{3}。

3）煤层气发电

煤层气发电是煤矿利用瓦斯最便捷的方法，通过发电、制冷、制热三联供技术，最大限度地提高资源利用率。目前煤层气发电最主要应用的是内燃机、燃气轮机和发电站的混燃锅炉，主要是针对高浓度瓦斯的利用。

利用煤层气发电，能够有效缓解能源紧张，降低燃煤发电比例，减少环境污染。从经济效益来看，煤层气发电的单位装机容量所需投资少，建设工期短，上网电价较低，具有较强的竞争力。2018 年离柳地区发电用煤层气量为 12×10^8 m^3。

3.4.4　离柳地区煤层气管网建设情况

煤层气基础设施是决定煤层气实现大规模商业开发的关键因素。煤层气管网建设主要包括国家天然气管网和省内自建的主干和支线管线两部分。

离柳地区地处河东煤田，地理位置十分优越。目前，天然气管网基本覆盖了整个离柳地区。除了国家“陕京二线”“陕京三线”“榆济线”等天然气主干管线网覆盖该地区外，还有由山西省规划、山西燃气产业集团有限公司（山西国际电力集团有限公司）获准建设的贯穿河东煤层气全部区块的临县—柳林—临汾输气管线、临县—兴县—保德输气管线和横穿吕梁东西部的离石—汾阳—太原输气管线；配套建设的还有柳林—森泽铝业输气管线、临临线石口末站—交口回龙输气管线、榆济线分输口—方山输气管线等已完成建设并投入运营，形成了以国家三大天然气主干管线为主干，地方天然气管线为辅的一横一纵、多点连接、可靠供气的吕梁燃气主管网络全覆盖。到 2018 年年底，建成燃气管线约 800 km，实现全市 13 县区及主要工业用户的全气化，总投资超过 30 亿元。

3.4.5　其他情况

离柳地区中离石区与柳林县是利用煤层气最好市县。整个地区已建成或正在建设的煤层气加气站项目 35 个，其中在柳林县建成 CNG 加气母站 1 个。煤层气燃气汽车数量已达 900 台。柳林县建有庙湾和锄沟储配站 2 座，建有 2 个 1.0×10^4 m^3 气柜和 1 个 2.0×10^4 m^3 的气柜。柳林县建有中、低压管网约 35 km，区域调压站 10 个，各类调压器 10 台。

第四章　离柳地区煤层气产业发展的影响因素分析

4.1　外部因素

4.1.1　国家能源需求对煤层气产业的影响

随着中国经济的高速发展，对能源的需求量越来越大。全国煤炭产量也由 2005 年的 22.05×10^8 t 增加到 2018 年的 36.8×10^8 t，增长了近 64%；2018 年发电装机容量突破 19×10^8 kW，比过去 50 a 装机容量的总和还要多。2018 年全国能源生产总量达到 37.7×10^8 t 标准煤，比 2006 年的一次能源生产总量 23.22×10^8 t 标准煤提高了 62.4%；人均能源消费水平从 2006 年的 1.97 t 标准煤增长到 2018 年的 3.65 t 标准煤。中国迅速崛起为世界能源大国，一次能源生产总量跃居世界第一。2018 年中国能源消费量达到 46.4×10^8 t标准煤，能源消费总量连续 10 a 超过了美国（如表 4-2 所示），稳居世界能源消费大国榜首。

从能源消费结构上看（如表 4-1），从 2005 年开始煤炭消费比重逐年下降，2017 年略有提升；石油消费比例除了 2016 年升高外也呈下降趋势；天然气等清洁能源消费比重逐年升高。根据《中国能源发展报告》显示，2018 年，天然气、水电、核电、风电等清洁能源的消费比重达到 22.1%，同比提高 1.3 个百分点；非化石能源消费占一次能源消费的比重为 14.3%。由此可以看出，我国能源消费表现出煤炭消费回暖、石油消费相对平稳、天然气和电力消费快速增长态势。

表 4-1　历年我国能源消费结构比例变化

年份	煤炭	石油	天然气	核电	水电	其他可再生能源
2005 年	76.5%	12.6%	3.2%	0.9%	6.7%	0.1%

表 4-1(续)

年份	煤炭	石油	天然气	核电	水电	其他可再生能源
2010 年	74.7%	11.3%	5.0%	1.0%	7.5%	0.5%
2016 年	62%	18.3%	6.4%	一次电力及其他能源 13.3%		
2017 年	68.6%	7.6%	5.5%	一次电力及其他能源 18.3%		

纵观中国能源发展趋势，从 1978 年改革开放以来，随着中国进入经济增长的快车道，国内生产总值和能源消费量增长迅速，中国的人均能源消费量也在迅速增长。2002—2004 年连续三年中国能源需求弹性系数大于 1，出现了能源消费量的增长速度超过了经济增长速度。进入“十一五”以来，中国能源产消量有所控制，但相比于世界发达国家增长幅度还是较大。从能源供需总量来看，中国的能源生产和消费基本上是平衡的，但是，受到能源资源禀赋的影响，中国一次能源的供需结构很不平衡。特别是随着人们对美好生活的向往，对环境的要求越来越高，清洁能源越来越成为未来消费的主流。而煤层气作为清洁能源，资源储量丰富，与陆上常规天然气资源量基本相当，约为 36.8×10^{12} m^3，仅次于俄罗斯和加拿大，位居世界第三位，其开发利用可有效地弥补我国油气资源的不足，缓解我国能源的短缺。因此，国家能源需求对煤层气产业发展影响较大。

4.1.2 煤炭产业对煤层气产业的影响

中国是煤炭资源较为丰富的国家，煤炭资源量约为 4×10^{12} t，位居俄罗斯、加拿大之后，居世界第三位(如表 4-3 所示)。中国既是世界煤炭生产大国，同时，也是世界上最大的煤炭消费国。2005 年煤炭产量为 22.05×10^8 t(如表 4-4 所示)，占世界煤炭总产量的 36.5%；煤炭消费量为 23.2×10^8 t(如表 4-4 所示)，占世界煤炭消费量的 39.2%，占中国一次能源消费量的69.1%，煤炭在一次能源产消总量中的比重较大，在中国经济社会发展中占有重要的地位。“十一五”以来，我国虽然加大了对煤炭行业的工业结构调整，大力整合、改造、关停小煤矿，同时也加快了煤炭大基地建设，煤炭产消量从 2013 年达到峰值后一路下滑，但近两年又有增长态势。煤炭产消量继续增长，到 2018 年底，全国煤炭产消量分别为 36.8×10^8 t 和 39×10^8 t。但考虑到国家环保政策，我国煤炭市场供求基本平衡，煤炭在能源消费中的比重逐渐下降。

表 4-2　2001—2017 年世界主要国家一次能源消费量表

单位：Mt 油当量

年份	2001	2002	2003	2004	2005	2006	2007	2008	2009	2010	2011	2012	2013	2014	2015	2016	2017
美国	2 259.7	2 295.5	2 302.3	2 348.8	2 351.2	2 332.7	2 372.7	2 320.2	2 205.9	2 277.0	2 269.3	2 161.0	2 221.1	2 246.2	2 227.0	2 228.0	2 234.9
德国	338.8	334.0	337.1	337.3	333.2	339.5	324.4	326.7	307.5	322.4	306.4	321.3	330.7	317.2	323.3	328.2	335.1
法国	258.4	255.4	259.3	263.6	261.1	259.2	256.7	257.8	244.0	251.8	242.0	247.4	250.3	240.6	242.3	238.9	237.9
日本	512.8	510.3	511.0	522.4	527.1	527.6	522.9	515.3	474.0	503.0	477.6	475.0	471.3	456.7	453.0	451.2	456.4
中国	1 041.4	1 105.8	1 277.3	1 512.5	1 659.0	1 831.9	1 951.0	2 041.7	2 210.3	2 402.9	2 613.2	2 799.1	2 907.0	2 973.5	3 009.8	3 047.2	3 132.2
世界总计	9 493.0	9 613.9	9 950.2	10 449.6	10 754.6	11 048.4	11 347.6	11 492.8	11 391.3	11 971.8	12 274.6	12 589.0	12 829.3	12 953.9	13 060.2	13 258.5	13 511.2

数据来源：BP 世界能源统计年鉴。

表 4-3　世界主要国家煤炭资源量表

单位：Tt

国家	俄罗斯	加拿大	中国	美国	澳大利亚	德国	英国	哈萨克斯坦	波兰	印度	南非	乌克兰
煤炭资源量	6.5	7	4	3.5	3.97	1.7	0.32	0.19	0.16	0.16	0.15	0.14

表 4-4　2000—2018 年中国煤炭产量与消费量表

单位：亿 t

年份	2005	2006	2007	2008	2009	2010	2011	2012	2013	2014	2015	2016	2017	2018
产量	22.05	23.73	25.26	29.02	31.15	34.24	37.64	39.45	39.74	38.74	37.47	34.11	34.45	36.8
消费量	23.2	25.4	27.6	28.3	29.58	31.22	34.3	35.26	42.44	41.16	39.7	37.83	38.6	39

数据来源：经整理所得。

表 4-5　2000—2018 年世界煤炭产量与消费量表

单位：亿 t

年份	2000	2001	2002	2003	2004	2005	2006	2007	2008	2009	2010	2011	2012	2013	2014	2015	2016	2017	2018
产量	45.84	47.88	48.10	51.45	55.73	60.35	63.42	65.73	67.95	68.81	72.73	76.78	78.65	82.31	81.65	79.61	74.69	77.3	80.13
消费量	47.71	46.94	49.04	52.96	56.41	59.27	62.02	64.98	67.06	67.45	72.57	76.42	76.29	78.26	79.35	78.54	73.22	76.29	77.15

数据来源：经整理所得。

中国煤炭行业在经济发展过程中起到的作用不可估量，煤层气以煤为储层，煤层气的气源主要是煤矿生产区。在当前能源供给趋势紧张，且石油价格居高不下的情况下，这必将对煤层气产业造成影响。根据有关专家与部门预测，在未来相当长的时期里，煤炭仍然是我国主要能源供给，仍将在中国能源中占有重要的地位，这将使煤炭与煤层气行业长期共存。由于煤炭属于化石能源，煤炭开发利用会产生破坏生态、浪费资源和污染环境等问题，长期的能源主体地位已给中国带来了诸多不利影响。与煤炭相比，煤层气是一种高效清洁能源，无论是从改善煤炭产业的安全生产条件、减少温室气体的排放，还是从调整能源结构上都能够发挥重要作用，煤层气运输主要依靠管道，与天然气同输共用，这可以极大地减少环境污染；或实现就近利用，成本低，使煤层气在民用和工业燃料利用中具有明显的竞争优势；煤层气的地面抽采还能降低煤炭生产中煤矿瓦斯事故的发生，提高煤炭生产效率。

4.1.3　天然气产业对煤层气产业的影响

21 世纪以来，我国天然气产业取得了长足的进步，产量稳步上升，全国输送管网建设逐步完善。随着我国勘探投入的增加和对天然气的勘探力度加大，天然气资源量正在大幅度增加。我国最新油气资源评价表明，我国天然气资源是比较丰富的，目前天然气资源量约为 $54\times10^{12}\ m^3$，可探明的资源量为 $25.3\times10^{12}\ m^3$（按可探明率 46.8%计）。经评估，天然气可采资源量为 $16\times10^{12}\ m^3$（按可采率 63.6%计）。截至 2018 年，我国天然气探明储量已达 $6.8\times10^{12}\ m^3$，探明可采储量 $4.1\times10^{12}\ m^3$。其中，在“十二五”期间，我国新增天然气储量 $3.54\times10^{12}\ m^3$，比“十一五”时期增长 14.2%，相继探明 10 个千亿方气田。2018 年中国天然气新增探明地质储量 $8\ 311.57\times10^8\ m^3$，同比增长 49.7%。其中，新增探明储量大于 $1\ 000\times10^8\ m^3$ 的盆地有 2 个，分别为鄂尔多斯和塔里木盆地。新增探明储量大于 $1\ 000\times10^8\ m^3$ 的气田有 3 个，分别为鄂尔多斯盆地的苏里格气田和米脂气田、塔里木盆地的克拉苏气田。天然气产量稳步增长，产量由 2001 年的 $303\times10^8\ m^3$ 上升到 2018 年的 $1\ 415.12\times10^8\ m^3$（如表 4-6），基本形成了以新疆塔里木、内蒙古鄂尔多斯、四川川渝、青海四大陆上天然气区和海域为主的主要产气区。从区域分布看，天然气资源集中分布在远离东部经济发达区的中、西部区，其天然气可采储量分别为 $4.1\times10^{12}\ m^3$ 和 $3.52\times10^{12}\ m^3$，两者合计约占全国天然气资源量的

66.15%；其次是海域，中国近海大陆架天然气可采资源储量约为 2.98×10^{12} m^3，占全国的 25.71%；东部地区天然气资源相对较少，仅占全国的8.14%。天然气管网输送能力大幅增加，全国骨干管网已具雏形，初步形成了“西气东输”“海气登陆”“就近外供”的输气格局，中国正在形成由国产天然气、进口液化天然气、进口中亚天然气、进口俄罗斯天然气、进口缅甸天然气五大来源组成的多元化天然气供应格局，这将使得单一气源所引起的安全问题大大缓解，有助于保证能源安全。随着制约天然气消费瓶颈的管网全面建成并投产运营，天然气消费市场将会发生根本性转变，实现由产地到跨区域消费的转变，东部消费市场的潜力将会充分释放，逐步形成以华北地区、东部发达地区、中部经济发达和人口稠密地区以及中国经济发展的中心区域和人口聚居区域集中的环渤海、长江三角洲和珠江三角洲经济区等区域市场。

表 4-6　中国历年天然气产量与消费量表　　单位：Gm^3

年份	2001	2002	2003	2004	2005	2006	2007	2008	2009
产量	30.3	32.7	35.0	41.5	49.3	58.6	69.2	80.3	85.3
消费量	27.4	29.2	33.9	39.7	46.8	56.1	70.5	81.3	89.5
年份	2010	2011	2012	2013	2014	2015	2016	2017	2018
产量	94.8	102.5	111.5	121.8	131.2	135.7	137.9	149.2	141.5
消费量	107.6	130.7	150.9	171.9	188.4	194.7	209.4	240.4	276.6

数据来源：根据公开数据整理所得。

煤层气的主要成分与天然气相同，中下游方面的开发利用基本趋同，特别是在利用方面，高浓度煤层气与天然气可以混输共用，共享用户，极容易产生激烈的竞争。根据我国目前天然气产业发展现状分析，煤层气产业在一定程度上受到天然气产业的挑战。由于“西气东输”一、二、三线管线的全部投运和中缅输气管线投入运营，来自境内新疆塔里木油田的天然气和境外中亚土库曼斯坦、伊朗等国的天然气不断送入东部市场，这将对我国煤层气利用市场产生一定的影响。另外，煤层气与天然气相比，具有开采成本较高、单井产量低、投资回收期长、经济效益差等劣势，导致许多企业望而止步，更多倾向于投资天然气行业。

当然，煤层气产业也拥有明显竞争优势。第一，煤层气资源储量丰富，且比较集中，具有高效、清洁、几乎无污染等特性。由于我国经济的持续高速发展和对清洁能源的需求不断增长，促进了对天然气需求的快速增长，导致天然气供需矛盾日趋突出，而煤层气正好弥补天然气消费巨大的缺口，作为非常规天然气将是非常重要和现实的战略替代资源。第二，煤层气拥有地理优势。我国常规天然气资源分布呈现严重的不均衡状态，主要分布在渤海湾、四川、松辽、准噶尔、莺歌海、琼东南、柴达木、吐哈、塔里木、渤海、鄂尔多斯等地区，而煤层气资源主要富集于华北地区，这就形成了煤层气丰富的地区、常规天然气却十分缺乏的现状，为开发煤层气创造了广阔的市场空间。第三，煤层气价格优势。由于国际天然气市场价格持续攀升，利用境外资源难度增大，海上运输液化气风险较高，进口天然气的谈判难度也正在增大，无论是国产天然气，还是进口俄罗斯、土库曼斯坦的管道天然气或进口液化天然气的价格均在不断上涨，天然气供需矛盾将会进一步加剧，而煤层气价格目前正处于低位水平，也是最可控的供应渠道，填补天然气的空缺具有明显的优势。

4.1.4　化工行业对煤层气产业的影响

化学工业在国民经济中占有重要地位，是许多国家的基础产业和支柱产业。化学工业的发展速度和规模对社会经济的各个部门有着直接影响。目前，世界化工产品年产值已超过 15 000 亿美元。由于化学工业门类繁多、工艺复杂、产品多样，生产中排放的污染物种类多、数量大、毒性高，使化工行业成为污染大户。同时，化工产品在加工、贮存、使用和废弃物处理等各个环节均可能产生大量有毒物质而影响生态环境、危及人类健康。化学工业发展走可持续发展道路对于人类经济、社会发展具有重要的现实意义。

煤层气的主要成分为甲烷，作为化工原料，主要有三种利用途径：一是经合成气及费托工艺生产合成油；二是经合成气生产甲醇系列产品，如生产甲醇传统下游产品甲醛、醋酸、N，N-二甲基甲酰胺（DMF）、甲基叔丁基醚（MTBE）等，生产甲醇新型下游产品如烯烃、二甲醚、乙二醇等；三是煤层气制氢，将氢气用于合成氨、炼厂加氢以及作为燃料电池的燃料等，或者煤层气与煤共气化生产合成气等。

我国煤层气开发始于 20 世纪 90 年代，2017 年地面煤层气产量和利用量分别为 $49.54\times10^{8}\ m^{3}$ 和 $43.9\times10^{8}\ m^{3}$，利用率高达 88.62%；煤矿井下瓦斯抽采量和利用量分别为 $128\times10^{8}\ m^{3}$ 和 $49\times10^{8}\ m^{3}$，利用率仅为 38.28%。2018 年地面煤层气产量规模为 $72.6\times10^{8}\ m^{3}$。目前，我国煤层气主要用于

矿区民用燃料和附近生产企业的工业燃料，其化工利用比例很小。由于煤层气化工利用的前提是要有数量充足、来源稳定的气源，以达到规模生产，但目前我国开采的高浓度煤层气产量小、气源分散，很难达到规模化、集中供应，而煤矿抽放的低浓度煤层气因缺少净化浓缩及脱氧技术，加之各矿区输送管道等基础设施缺乏，限制了煤层气的集输和供给，因此煤层气化工利用规模化尚待时日。

近年来国内天然气供应持续紧张，今后煤层气的利用仍将以民用和工业燃料为主，在发电、汽车 CNG 和燃料方面也会有一定的增长，而用于化工利用并非主要方向。但从长远来看，随着今后煤层气产能的大幅增加和燃气供应的逐渐满足，煤层气化工利用仍具有很大的发展空间。同时，随着国民经济的持续、快速发展，也为化工行业发展提供了广阔的市场空间。今后我国应首先提高煤层气开采量，并加大煤层气输送管网设施建设，最大限度补充国内天然气供应的缺口；同时加大力度开发煤层气化工利用方面的新型技术，重点研究煤层气制合成气、合成油、甲醇的下游产品如烯烃、二甲醚以及利用煤层气制氢、煤层气与煤共气化等新技术，同时加大低浓度煤层气脱氧技术、浓缩技术等技术的研究，以期实现不同浓度煤层气的高效利用。随着一系列技术与问题的突破与解决，必将促进煤层气在化学工业领域的利用。

4.1.5 汽车燃料及民用对煤层气产业的影响

随着我国经济快速增长，人民生活质量的提高，对汽车的需求出现井喷式发展。汽车数量的猛增既给人们出行带来交通便利，又增大了石油能源消耗和环保压力。常规车用燃料（汽油、柴油）主要来自石油，汽车数量的快速增长不仅对本已供应紧张的石油的需求量大增，也必然会引发汽油、柴油等能源的缺乏，使价格逐渐上涨。另外，燃油汽车的尾气排放对环境污染相当严重。近年来我国汽车行业出现了较快的发展形势，且汽车产销量以较高的速度持续增长，并且还处于一个较高的增长时期，这种增长还将持续下去。这样就形成了双重矛盾的局面：一方面是汽车工业的发展受能源和环保的双重压力约束；另一方面是经济高速发展必然带动汽车产销量的高增长。因此，要想实现汽车工业的高速发展，必须从两个方面采取措施：一是节能降耗，这条道路比较艰难；二是燃气替代燃油，加大天然气或煤层气替代燃油的力度，引起汽车行业的新一轮变革，实施新能源汽车措施，这将是中国乃至世界汽车发展的必然趋势。

利用天然气(或煤层气)作为燃料代替燃油的汽车已在大部分城市推广。以山西晋城为中心,辐射周边的煤层气代替燃油的汽车正在大力推广中。目前,已有2万多辆出租车、公交车,近300辆重型卡车以煤层气为燃料,取得了非常可观的经济效益。随着煤层气开发制约性因素逐渐被破除,煤层气产量会大幅度提升,同时,由于石油与天然气的供应趋紧,以煤层气为燃料的汽车在汽车工业中必然占有一席之地。

我国大部分居民燃料仍以煤炭为主,燃煤造成大量的空气污染,尤其是烟尘污染。随着人民生活水平的提高及环保意识的增强,大部分城市对天然气的需求明显增加。以天然气替代燃煤可以减少二氧化硫和粉尘排放量近100%,减少二氧化碳排放量60%和氮氧化合物排放量50%,并有助于减少酸雨形成,缓解地球温室效应,从根本上改善环境质量。与天然气相比,煤层气更加环保与清洁,且价格便宜。随着汽车工业与居民用户对煤层气的青睐,必将影响煤层气资源的大规模开发与利用。

4.2　内部因素

4.2.1　煤层气产业化技术条件

以1989年原能源部在沈阳召开的我国第一次“开发煤层气研讨会”为标志,迄今我国煤层气勘探开发工作走过了近30 a的探索历程。在这个逐渐探索的过程中,我国煤层气勘探开发无论从煤层气储存形式、产出机理以及成藏与富集规律等理论研究,还是从煤层气评价与选区理论和技术、勘探和开发试验技术等方面都取得了突破性成就。这些成就主要体现在:

① 完善了中国煤层气资源评价和选区的方法与理论,并基本摸清了中国丰富的煤层气资源总量;

② 建立了煤层气实验室和野外测试及分析的方法、技术、指标体系等;

③ 建立了煤层气垂直井钻井、测井、完井、压裂增产和排采生产的工艺技术体系和规范;

④ 开展了一些新型的煤层气勘探开发技术的试验,主要包括欠平衡钻井技术、多分支水平井技术、清洁压裂液携砂压裂及氮气泡沫压裂技术和二

氧化碳注入技术等；

⑤ 总结出一些煤层气地质理论知识，打破国外中煤阶成藏优势论，在高煤阶、低煤阶领域取得突破。如在沁水盆地高阶煤煤层气勘探开发关键技术上取得突破，并在实践应用上取得成功，使日产气量提高到4 800 m^3；低阶煤、多煤层、薄煤层煤层气开采压裂组合及投球分压关键技术研究成功，并在实践应用上取得成功，使单井日产气量达3 000 m^3以上，有效指导了高、低阶煤勘探开发，进一步推进高、低阶煤进行煤层气产业化、商业化开发。

尤其值得一提的是，煤层气多分支水平井在山西晋城大宁矿区试验成功，标志着我国地面煤层气开发技术基本成熟；一些井下煤层气抽放新技术应用，如采空区煤层气抽采、低浓度煤层气提纯、乏风煤层气利用等，极大地提高了煤层气采收率；更为重要的是煤层气发电和民用燃气技术的完善，有力地促进了煤层气商业化利用。另外，煤层气产业链中各个层面技术上的突破性进展，对我国煤层气产业化发展起到了推动作用。这些科技成果成功应用既为离柳地区煤层气勘探开发利用提供了技术支撑，也推动和加快了离柳地区煤层气产业化进程。

4.2.2 煤层气产业化市场条件

目前，我国能源短缺，尤其是石油、天然气严重不足，作为优质、高效、安全、清洁型能源，煤层气的开发可以弥补天然气资源的有效不足。山西地处中部，紧邻京、津、唐等大中城市及能源紧缺的东部省区，具有明显的区位优势。同时，煤层气与石油、煤炭、焦炉煤气在许多应用领域可以相互替代，但是其燃烧效率要大大优于焦炉煤气和煤炭，而且作为化工原料生产甲醇、合成氨、甲醛、炭黑等还能产生更好的经济效益、社会效益，煤层气开发利用的市场前景十分广阔。

煤层气可以与天然气同输混用，这为煤层气产业发展提供了巨大空间。据预测，2020年我国天然气需求量将超过2 900×10^8 m^3，市场供应缺口到时将越过1 000×10^8 m^3。环渤海地区、东南沿海地区、长江三角洲地区、中部地区及东北地区的天然气市场需求均超过200×10^8 m^3/a，这些地区是天然气消费的重点地区。另外，中部地区及长江三角洲地区，也是未来煤层气的主要消费市场。

山西省在调整能源结构、提高能源效率、保护生态环境、保障能源安全、发展低碳经济的目标下，大力促进和加快气体能源的发展，积极培育省内“四气”下游利用市场，围绕“燃（气）、（气代）油、（发）电、化（工转化）”四条利用主线，加快综合利用步伐。预计到 2020 年，全省“四气”利用总量达 280×10^{8} m^{3}，其中，全省城市燃气 30×10^{8} m^{3}，工业燃气 100×10^{8} m^{3}，化工转化 80×10^{8} m^{3}，发电 10×10^{8} m^{3}，CNG 30×10^{8} m^{3}，LNG 30×10^{8} m^{3}；另外外输 80×10^{8} m^{3}，这也为煤层气产业发展创造了条件。

因此，离柳地区煤层气以山西为中心，辐射北京、天津、河南、河北等周边省市市场，余气还可并入西气东输管网，输往长江三角洲等地区。

4.2.3　煤层气产业化基础设施条件

目前，山西已经初步形成国家天然气主干管网、省级主干管网和省级支线管网三级输气管网系统。山西正逐步形成“三纵十一横、一核一圈多环”的输气管线网络，实现全省一张网、全覆盖。其中，由山西国际电力燃气产业集团有限公司投资逾 40 亿元兴建的“山西吕梁煤层气（天然气）管道”于 2012 年 12 月 15 日全线贯通，该管线总长度 1 682 km，主干线位于山西西部吕梁山区，由北向南贯穿山西省，起点为五台县，经神池、保德、吕梁、临县、柳林、石楼、大宁，终点为临猗县。管网沿线的吕梁、忻州、临汾等 6 市 47 个县区，前期将接收来自陕京三线的天然气，该管线为山西规划三纵之一的西纵主干管网，可将河东煤田煤层气入网输气。属于在山西境内五条国家天然气主干管网之一的榆济线已于 2010 年投入运行，在吕梁设分输口，可直接把离柳地区煤层气输送到山西境外的山东等地。同时，山西省内管道网络的中线长输管道柳林—介休—太原—阳泉管线和省级主干管道的五台县—柳林—临猗县天然气（煤层气）输气管道已建成，实现了离柳地区利用天然气管道把煤层气输送到全省各地市。另外，离柳地区也正在加紧建设覆盖吕梁整个地区的天然气管网工程，这些工程的逐渐投入使用，极大地改善了吕梁地区居民用户、商业用户、工业用户使用煤层气状况。这些天然气管网设施的建设，形成了省内省外输送煤层气的格局，为离柳地区煤层气产业下游市场的发展提供了基础条件，为离柳地区煤层气规模化、商业化发展奠定了重要基础。

目前在山西境内的太原市、晋城市、阳泉市、吕梁市的柳林县等市县建成煤层气加气站约 60 座。其中，柳林县有一座煤层气 CNG 加气母站，日供气能力为 150 000 m^{3}，主要为拖车加气。规划在 2020 年前再建设 LNG 加气站

34座、CNG加气站39座，其中，在吕梁地区新增3座CNG常规子站、3座LNG加气站，逐步实现以煤层气产地为中心，辐射周边省市地区的煤层气汽车运输网络。这些规划必将进一步推动离柳地区煤层气产业化进程。

4.2.4 煤层气产业竞争力关键因素

(1) 煤层气资源禀赋

煤层气资源禀赋是煤层气产业发展的基础，也是煤层气产业竞争力的根本要素之一。离柳地区地下地上资源都十分丰富，已探明矿藏有40多种，含矿面积占全市国土面积的90%以上，主要有煤、铁、铝矾土、白云岩、煤层气等。其中，含煤面积11 460 km^2，占国土面积的54.36%，远景储量1 101×10^8 t，探明储量404×10^8 t。其中，4#优质主焦煤被誉为煤炭中的国宝——“工业黑色熊猫”，储量达62×10^8 t，是我国为数不多的尚未大规模开发的优质炼焦煤基地之一。在巨大含煤面积下蕴藏着丰富的煤层气资源，预测煤层气资源量约为9 869.75×10^8 m^3，开发前景十分广阔。另外，柳林煤层气田北区块二叠系山西组3+4、5煤于2011年新增煤层气探明储量叠合含气面积72.2 km^2，煤层气探明地质储量53.16×10^8 m^3，技术可采储量29.85×10^8 m^3，经济可采储量26.87×10^8 m^3。这对加速离柳地区煤层气产业发展，促进由煤层气勘探向煤层气开发方向转变，进一步吸引投资等各方面都具有极其重要的意义。

(2) 商业化模式

煤层气产业必须具备三个条件：上游的资源禀赋、中游的管网和下游的市场客户，三者缺一，就会阻碍煤层气产业化进程。但上游煤层气资源决定着中游和下游的发展规划。煤层气赋存于煤层中，由于煤与煤层气的矿业权往往不是同一个主体，这样造成了煤层气与煤炭勘探开发开采过程中企业为获取煤层气资源权属利益之争的矛盾。在临县三交地区的煤层气与煤炭勘探开发中，成功探索出一条科学解决煤炭企业与煤层气企业利益之争的“三交合作模式”，被原国土资源部认可为“理想的合作模式”推向全国。离柳地区的三交区块主体局部隶属于柳林县，矿权面积383 km^2，矿权人为中国石油天然气股份有限公司，煤层气与煤炭重叠的面积有282.9 km^2。目前合作方是奥瑞安国际能源公司。为了解决因重叠问题产生的矛盾，政府出面负责出台土地征用、拆迁补偿标准，从项目准备、申报、临时用地等方面积极协调与涉煤企业的合作关系，理顺了三交地区矿权利益重叠利益之间的关系。同时，促成了中国石油煤层气公司与大土河集团光明煤矿、东辉集团西坡煤矿、美锦集团锦源煤矿等主要煤炭企业合作，并签署了框架协议，彼此承认对方的矿业权并交换技术资料，在生产中密切配合。这为煤层气开采开发中解决气权与矿权矛盾提供了宝贵的经验和可参照的模式。

由于"三交合作模式"有利于企业、政府及社会等多层面的协调发展，从而会吸引更多的投资者关注离柳地区煤层气勘探开发，甚至会进入该地区参与煤层气勘探开发。

第五章 离柳地区煤层气产业市场需求分析

5.1 中国天然气市场需求

我国目前在能源结构调整上实行“油、气资源并重”的能源战略。与世界天然气消费相比，我国天然气的消费量有很大差距，从 2006 年到 2015 年人均天然气消费量提高了 210%，但人均天然气消费量很低，2015 年中国人均消费天然气为 140 m^3，中国与世界水平相比，相差 5.5 倍。根据国家“十三五”能源规划，到 2020 年，天然气占一次能源的消费比重力争达到 10%，天然气使用量超过 $2\ 500\times10^8\ m^3$。天然气的产消量存在巨大的缺口，而煤层气的主要成分与天然气相同，可同输混用，且煤层气资源又丰富，可作为天然气必要的补充。

为此，对中国煤层气市场需求预测及分析，主要是利用历年中国天然气产量与消费量的数据，通过建立灰色预测模型，对全国天然气未来市场的供需量进行预测，其供需缺口量可作为天然气的替代——煤层气市场的需求量。

5.1.1 灰色预测模型的基本理论

灰色系统是介于白色系统和黑色系统之间的一种系统。白色系统是指系统内部特征是完全已知的；黑色系统是指系统内部信息完全是未知的。而灰色系统则是其内部一部分信息已知，另一部分信息未知或不确定。灰色预测是指对系统行为特征值的发展变化进行的预测，对既含有已知信息又含有不确定信息的系统进行预测，也是对在一定范围内变化的，与时间序列有关的灰色过程进行预测，从而得到具备潜在有规律的数据集合，借以建立灰色模型进行预测。

目前使用最广泛的灰色预测模型是关于数列预测的一个变量、一阶微分GM(1,1)模型，是基于随机原始时间序列，经时间累加后所形成的新的时间序列呈现的规律可用一阶线性微分方程的解来逼近。经证明，一阶线性微分方程的解所揭示的原始时间序列成指数变化规律。因此，当原始时间序列隐含着指数变化规律时，此预测模型是非常成功的。

灰色系统理论在工程控制、管理决策和社会经济等许多领域得到了广泛的应用，利用灰色系统理论建立的灰色预测模型，能对系统做长期预测，尤其是在经济数据序列较短且具有明显的趋势时，预测精确度较高。影响煤层气产量、消费量的诸多因素都代表着系统低层次的灰色量，对它们逐一做出定量的描述很困难。煤层气的产量、消费量是这些低层次灰色量综合作用结果的集中体现，是系统的总体输出。本书采用GM(1,1)模型，以煤层气抽采量、井下抽采量、地面抽采量、天然气的产量和销量的历史数据作为预测依据。建模步骤如下：

(1) 构建初始时间序列

对于一个变量：如果 $X^{(0)}$ 有 m 个相互对应的数据，则可以形成一个数列

$$X^{(0)} = (x_{(1)}^{(0)}, x_{(2)}^{(0)}, \cdots, x_{(m)}^{(0)})$$

这里 $X^{(0)}$ 为对应 m 年的数据。

(2) 一次累加序列

为了削弱时间序列随机性使规律更加明显，采用一次累加，得到弱随机数列

$$X_{(k)}^{(1)} = \sum_{i=1}^{k} x_{(i)}^{(0)}, (k = 1, 2, 3, \cdots, m)$$

形成新的数列

$$X^{(1)} = (x_{(1)}^{(1)}, x_{(2)}^{(1)}, \cdots, x_{(m)}^{(1)})$$

(3) 建立一阶灰色微分方程

对数据累加后的数列用线性动态模型来模拟和预测，建立一阶灰色微分方程GM(1,1)预测模型

$$\frac{\mathrm{d}x^{(1)}}{\mathrm{d}t} + ax^{(1)} = b$$

其中，a，b 为待定参数，a 为发展灰数，b 为内生控制灰数。若 $\hat{\boldsymbol{a}} = [a, b]^{\mathrm{T}}$，用最小二乘法估计参数 $\hat{\boldsymbol{a}}$，则有 $\hat{\boldsymbol{a}} = (\boldsymbol{B}^{\mathrm{T}}\boldsymbol{B})^{-1}\boldsymbol{B}^{\mathrm{T}}\boldsymbol{Y}$

$$\boldsymbol{B}=\begin{bmatrix} -[x_{(2)}^{(1)}+x_{(1)}^{(1)}]/2 & 1 \\ -[x_{(3)}^{(1)}+x_{(2)}^{(1)}]/2 & 1 \\ \vdots & \vdots \\ -[x_{(m)}^{(1)}+x_{(m-1)}^{(1)}]/2 & 1 \end{bmatrix},\boldsymbol{Y}=[x_{(2)}^{(0)},x_{(3)}^{(0)},\cdots,x_{(m)}^{(0)}]^{\mathrm{T}}$$

解微分方程得

$$\hat{x}_{(k+1)}^{(1)}=(x_{(1)}^{(0)}+u/a)\mathrm{e}^{-ak}+u/a$$

$$\hat{x}_{(k+1)}^{(0)}=\hat{x}_{(k+1)}^{(1)}-\hat{x}_{(k)}^{(1)},(k=1,2,\cdots,m)$$

由此式便可计算出第 $m+1$ 年的预测值。

(4) 灰色检验

灰色模型的建模优劣精度通常用后验差检验方法进行分析。

后验差检验是根据模型预测值与实际值之间的统计情况进行检验的方法。其内容是:以残差(绝对误差)ε 为基础,根据各期残差绝对值的大小,考察残差较小的点出现的概率,以及与预测误差方差有关指标的大小。具体步骤如下。

设 k 时刻值 $x_{(k)}^{(0)}$ 与预测值 $\hat{x}_{(k)}^{(1)}$ 之差 $\varepsilon_{(k)}^{(0)}$,称为 k 时刻残差

$$\varepsilon_{(k)}^{(0)}=x_{(k)}^{(0)}-\hat{x}_{(k)}^{(1)},(k=1,2,\cdots,m)$$

其中 $x_{(k)}^{(0)}$ 是给定的原始数据,$\hat{x}_{(k)}^{(1)}$ 是通过预测模型得到的预测值。

残差均值

$$\bar{\varepsilon}=\frac{1}{m}\sum_{k=1}^{m}\varepsilon_{(k)}^{(0)}$$

残差方差

$$S_1^2=\frac{1}{m}\sum_{k=1}^{m}(\varepsilon_{(k)}^{(0)}-\bar{\varepsilon})^2$$

原始数据的均值

$$\bar{x}=\frac{1}{m}\sum_{k=1}^{m}x_{(k)}^{(0)}$$

原始数据方差

$$S_2^2=\frac{1}{m}\sum_{k=1}^{m}(x_{(k)}^{(0)}-\bar{x})^2$$

后验差比值

$$C=\frac{S_1}{S_2}$$

后验差比值 C 是反应模型精度的指标，C 越小越好。C 越小表示 S_2 越大，而 S_1 越小。S_2 越大，表明历史数据方差大，历史数据离散程度就大。S_1 越小表明残差方差小，残差离散程度小。C 越小表明尽管历史数据很离散，而模型所得的预测值与实际值之差并不太离散。一般要求 $C<0.35$，最大不能超过 0.65。根据实验，一般把模型精度分为 4 个等级，见表 5-1。

表 5-1　预测模型精度等级

等级	好	合格	勉强合格	不合格
等级代号	Ⅰ	Ⅱ	Ⅲ	Ⅳ
C	<0.35	<0.45	<0.50	≥0.65

5.1.2　基于灰色模型的中国天然气供需预测及分析

根据新一轮油气资源评价和全国油气资源动态评价(2015 年)，我国常规天然气地质资源量为 90.3×10^{12} m^3，可采资源量约 50.1×10^{12} m^3。天然气探明储量主要分布于 10 个大型盆地，依次为：鄂尔多斯、四川、塔里木、渤海湾、松辽、柴达木、准噶尔、莺歌海、渤海海域和珠江口。截至 2018 年年底，累计探明常规天然气 12.96×10^{12} m^3，剩余技术可采储量 6.1×10^{12} m^3，探明程度为 14.35%。总体上分析，我国天然气资源丰富，发展潜力较大。

从 1990 年开始，天然气储量进入快速增长阶段，新增天然气探明地质储量：“八五”期间近 0.7×10^{12} m^3，“九五”期间为 1.15×10^{12} m^3，“十五”期间达 2.43×10^{12} m^3，“十一五”期间达 3.12×10^{12} m^3，“十二五”新增 3.92×10^{12} m^3，“十三五”期间到 2018 年已超过 2.1×10^{12} m^3。

2018 年，天然气占我国一次能源消费比重为 7%，与国际平均水平(23.8%)差距较大。同时，随着我国城镇化深入发展，城镇人口规模不断扩大，对天然气的需求也将日益增加。加快发展天然气，提高天然气在我国一次能源消费结构中的比重，可显著减少二氧化碳等温室气体和细颗粒物(PM2.5)等污染物排放，实现节能减排、改善环境，这既是我国实现优化调整能源结构的现实选择，也是强化节能减排的迫切需要。

根据《天然气发展“十三五”规划》，“十三五”期间，新增常规天然气探明地质储量 3×10^{12} m^3(技术可采储量约 1.9×10^{12} m^3)，到 2020 年累计探明地质储量 16×10^{12} m^3。为促进天然气产业有序、健康发展，对我国天然气未来产量与消费量进行预测，确定其常规天然气的供需情况，从而为天然气企业或政府部门合理安排天然气规模提供重要的依据。

5.1.3 中国天然气供给能力预测及分析

本书以 2000—2018 年间全国天然气实际产量（如表 5-2）为基础数据（该数据来源：中国历年能源年鉴、BP 统计年鉴以及相关部门资料整理所得），将数据代入 GM(1,1)模型的公式中，经过计算机软件进行计算，得到结果如表 5-2 所示。

表 5-2 全国历年天然气产量拟合情况表 单位：×10^8 m^3

年份	2000	2001	2002	2003	2004	2005	2006
实际值	269.71	308.27	352.41	402.13	457.43	518.31	584.77
预测值	279.69	315.50	355.90	401.60	453.00	511.10	576.60
残差	−9.98	−7.23	−3.49	0.53	4.43	7.21	8.17
年份	2007	2008	2009	2010	2011	2012	2013
实际值	656.81	734.43	817.60	944.80	1 026.9	1 072.2	1 208.6
预测值	650.50	733.90	828.00	934.00	1 053.80	1 070.05	1 201.6
残差	6.31	0.53	−10.4	10.8	−28.5	2.15	7.0
年份	2014	2015	2016	2017	2018		
实际值	1 301.6	1 346.1	1 368.7	1 480.3	1 610		
预测值	1 298.24	1 340.7	1 370.26	1 482.1	1 613.3		
残差	3.36	5.4	−1.56	−1.8	−3.3		
残差均值	−0.31						
残差方差	86.747 7						
后验差	0.38<0.45，“合格”，等级为Ⅱ级						

从表 5-2 可以看出，后验差比值 C 为 0.38，小于预测模型等级Ⅱ级，表现为“合格”。我们把 2000—2018 年间全国天然气实际产量与预测值做时间与产量图，显示如图 5-1 所示。

从图 5-1 可以看出，2000—2018 年全国天然气产量与预测值的对比图拟合情况良好。天然气的产量也在逐年的平缓增长，但最近几年增长幅度

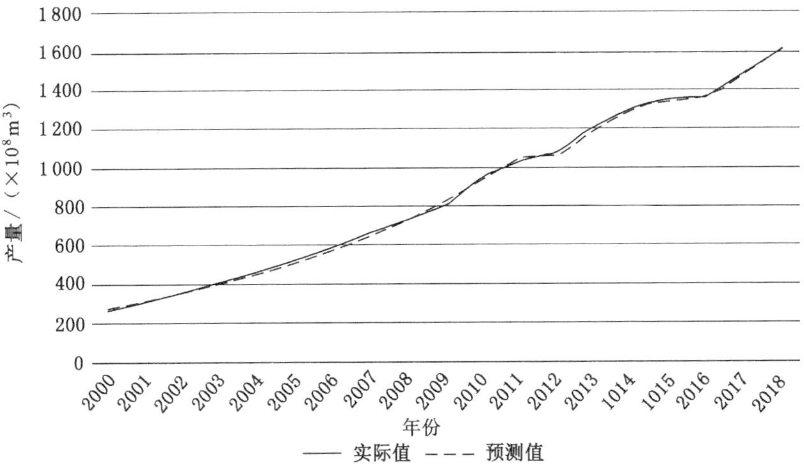

图 5-1　全国历年天然气实际产量与预测值图

较大。

据此，2019—2030 年全国天然气产量的预测值如表 5-3 所示。

表 5-3　全国天然气产量预测值　　单位：$\times 10^8\ m^3$

年份	2019	2020	2021	2022	2023	2024
预测值	1 669.4	1 763.4	1 862.8	1 967.7	2 078.6	2 195.7
年份	2025	2026	2027	2028	2029	2030
预测值	2 319.4	2 450.0	2 588.0	2 733.8	2 966.0	3 140.8

利用 2019—2030 年全国天然气产量预测值作图如图 5-2 所示。

从表 5-3 和图 5-2 可以看出，我国天然气产量目前处于较低水平，随着制约常规天然气勘探开发的屏障逐步清除，我国天然气产量将会迎来产量高峰，并在以后的十多年里供应能力迅速提高。

5.1.4　中国天然气需求能力预测及分析

本书以 2000—2018 年间全国天然气消费量（如表 5-4）为基础数据（该数据来源：中国历年能源年鉴、BP 统计年鉴以及相关部门资料整理所得），将数据代入 GM(1,1) 模型的公式中，经过计算机软件进行计算，得到结果如表 5-4所示。

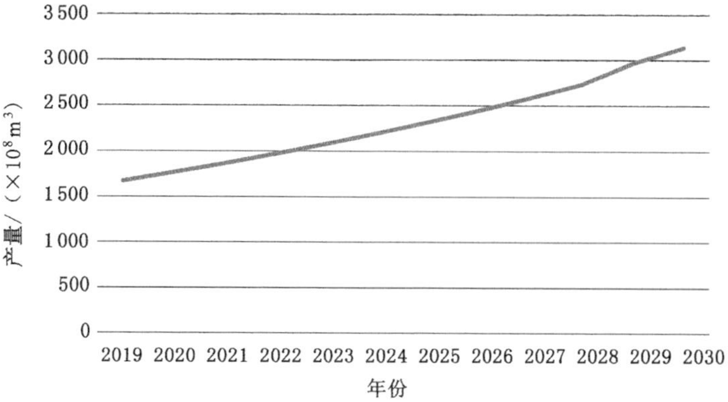

图 5-2 2019—2030 年全国天然气产量趋势图

表 5-4 全国历年天然气消费量拟合情况表 单位：$\times 10^8\ m^3$

年份	2000	2001	2002	2003	2004	2005	2006
实际值	245.03	274.30	291.84	339.08	396.72	467.63	561.41
预测值	245.03	251.99	296.30	348.37	409.70	481.80	566.40
残差	0	22.31	−4.46	−9.29	−12.98	−14.17	−4.99
年份	2007	2008	2009	2010	2011	2012	2013
实际值	705.23	812.93	895.20	1 069.41	1 305.3	1 463	1 705.37
预测值	666.10	783.20	920.90	1 082.90	1 273.0	1 463.0	1 701.6
残差	39.13	29.73	−25.7	7.5	39.7	0	3.77
年份	2014	2015	2016	2017	2018		
实际值	1 868.94	1 931.75	2 078.1	2 373	2 803		
预测值	1 862.3	1 949.9	2 089.2	2 378.3	2 788.5		
残差	6.64	−18.15	−11.1	−5.3	−14.5		
残差均值	−7.623						
残差方差	337.556						
后验差	0.415<0.45，“合格”，等级为Ⅱ级						

从表 5-4 中可以看出，后验差比值 C 为 0.415，小于预测模型等级精度Ⅱ，表现为“合格”。我们把 2000—2018 年间全国天然气消费量与预测值做时间与消费量图，显示如图 5-3 所示。

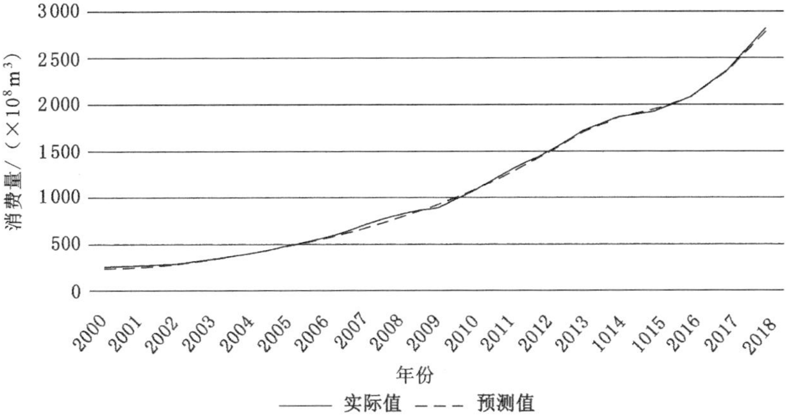

图 5-3　全国天然气实际消费量与预测值图

从图 5-3 可以看出，2000—2018 年全国天然气实际消费量与预测值的对比图拟合情况良好，天然气消费量逐年升高，2009 年以来年增长幅度较大。

据此，2019—2030 年全国天然气消费量的预测值如表 5-5 所示。

表 5-5　全国天然气消费量预测值　　单位：$\times 10^8 m^3$

年份	2019	2020	2021	2022	2023	2024
预测值	2 963.4	3 273.6	3 616.3	3 994.9	4 413.1	4 875.1
年份	2025	2026	2027	2028	2029	2030
预测值	5 385.4	5 949.2	6 572.0	7 260.0	8 020.1	8 859.7

利用 2019—2030 年全国天然气消费量预测值作趋势分析图如图 5-4 所示。

我国天然气消费量从 2000 年以来一直缓慢增长，2010 年后，天然气消费量开始大幅度增长。从图 5-3 和图 5-4 来看，2015 年以后我国天然气消费量增长幅度较大，2015 年的消费量是 2011 年的 1 倍多，2020 年是 2015 年消费量的 1 倍多。2030 年的天然气消费量将是 2018 年的 3 倍多。

以 2000—2030 年全国天然气产量与消费量的数据作图如图 5-5 所示。

由图 5-5 中可以看出产量与消费量都在逐年增长，但是消费量的增长速度明显快于产量的增长速度，时间越长，造成需求缺口越大。从表 5-3 与

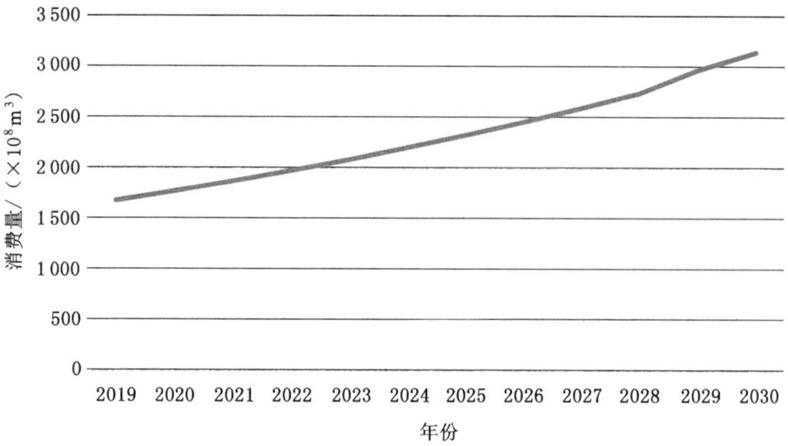

图 5-4　2019—2030 年全国天然气消费量趋势图

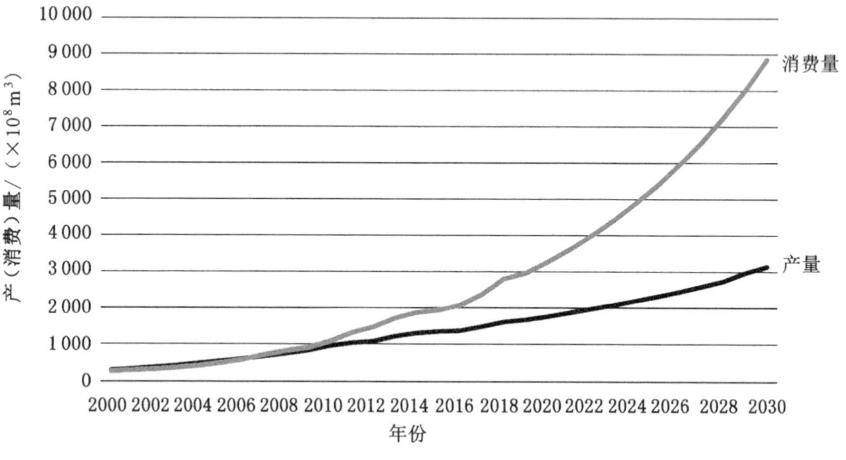

图 5-5　2000—2030 年全国天然气产量、消费量趋势图

表 5-5可知，2020 年将缺口高达 1 510.2×10^8 m^3。由于国内天然气增产有限，现在需求缺口主要依赖进口来满足，2018 年进口量占总消费量的 43%左右，未来这一比例还会增加。

5.1.5　我国天然气进口能力预测

我国天然气进口主要通过 LNG 和长输管道两种途径。

1) LNG 方面

根据国家规划和进展，目前已建、在建和规划中的 LNG 项目达 23 个，见表 5-6。

表 5-6　我国 LNG 项目及规模

项目类型	省/市/区	名称	规模/($\times10^4$ t)	所属企业
已投产	广东	深圳大鹏 LNG 接收站	680	中国海油
	福建	福建 LNG 接收站	630	中国海油
	上海	上海 LNG 接收站	一期 300	中国海油
	江苏	如东 LNG 接收站	一、二期 650	中国石油集团
	辽宁	大连 LNG 接收站	一、二期 600	中国石油集团
	浙江	宁波 LNG 接收站	一期 300	中国海油
	广东	珠海 LNG 接收站	一期 350	中国海油
	天津	深圳迭福 LNG 接收站	一期 220	中国海油
	河北	唐山 LNG 接收站	一、二期 650	中国石油集团
	海南	海南 LNG 接收站	一期 300	中国海油
	山东	青岛 LNG 接收站	一期 300	中国石化集团
	广西	北海 LNG 接收站	一期 300	中国石化集团
	广东	粤东 LNG 接收站	一期 200	中国海油
	广东	九丰 LNG 接收站	一期 200	九丰能源
	江苏	启东 LNG 分销转运站	一期 60	新疆广汇
	小计		5 640×10⁴ t	
已核准在建	广东	深圳迭福 LNG 接收站	一期 400	中国海油
	浙江	舟山 LNG 接收站	一期 300	新奥能源
	天津	南港 LNG 接收站	300	中国石化集团
	福建	福建 LNG 5#、6# 储罐	—	中国海油
	广东	湖州 LNG 接收站	一期 100	华丰集团
	浙江	宁波 LNG 接收站	二期 300	中国海油
	小计		1 400×10⁴ t	

表 5-6(续)

项目类型	省/市/区	名称	规模/($\times 10^4$ t)	所属企业
已核准尚未开工	广东	深圳 LNG 接收站	一期 300	中国石油集团
	浙江	温州 LNG 接收站	一期 300	中国石化集团
	小计		600×10^4 t	
合计			$7\ 640\times 10^4$ t	

数据来源:由网站整理所得。

2) 管道天然气

(1) “西气东输”二线

“西气东输”二线工程西起新疆霍尔果斯口岸,南至广州市,东达上海市,途经新疆、甘肃、宁夏、陕西、河南、湖北、江西、湖南、广东、广西、浙江、上海、江苏、安徽等 14 个省区市,干线、支干线全长 9 102 km。

工程设计输气能力 $300\times 10^8\ m^3/a$,总投资约 1 420 亿元;2009 年 12 月西段建成投产、2011 年全线贯通。“西气东输”二线配套建设 3 座地下储气库,其中一座为湖北省云应盐穴储气库,另两座分别为河南省平顶山储气库、江西省南昌市麻丘水层储气库。

(2) 中缅管线

“中缅跨境输气管道项目”2010 年 6 月已经正式进入实施阶段。按中缅双方达成的共识,管道年输气能力将达 $150\times 10^8\ m^3$,计划输入昆明的气量约为 $30\times 10^8\ m^3$,政策维持 30 a 不变。

从上述 LNG 方面和长输管线预测可知,2015 年我国进口天然气量约 $280\times 10^8\ m^3$。其中,LNG$100\times 10^8\ m^3$、西气东输二线 $150\times 10^8\ m^3$、中缅管线 $30\times 10^8\ m^3$。

按照 LNG 与长输管线设计能力全部产能运营,到 2020 年我国进口天然气量最大约为 $870\times 10^8\ m^3$。其中,LNG$470\times 10^8\ m^3$、西气东输二线 $300\times 10^8\ m^3$、中缅管线 $100\times 10^8\ m^3$。

5.1.6 中国天然气供需缺口分析

根据上述对我国天然气供需的预测结果可知,我国中长期的天然气都将持续供不应求。

在国家低碳经济战略的指引下,我国天然气需求旺盛的势头将会持续到

2030 年及以后，天然气需求缺口将逐步扩大，预计 2030 年约为 5 718×10^8 m^3，如表 5-7 所示。

表 5-7　中国天然气供需缺口

年份	预测产量/(×10^8 m^3)	预测需求量/(×10^8 m^3)	供需缺口/(×10^8 m^3)	供需气缺口占产量比/%
2019	1 669.4	2 963.4	1 294	77.5%
2020	1 763.4	3 273.6	1 510.2	85.6%
2021	1 862.8	3 616.3	1 753.5	94.1%
2022	1 967.7	3 994.9	2 027.2	103.0%
2023	2 078.6	4 413.1	2 334.5	112.3%
2024	2 195.7	4 875.1	2 679.4	122.0%
2025	2 319.4	5 385.4	3066	132.2%
2026	2 450	5 949.2	3 499.2	142.8%
2027	2 588	6 572	3 984	153.9%
2028	2 733.8	7 260	4 526.2	165.6%
2029	2 966	8 020.1	5 054.1	170.4%
2030	3 140.8	8 859.7	5 718.9	182.1%

5.2　中国煤层气市场需求

根据前文对中国天然气供需能力预测及其结果分析，中国今后相当长的时期里常规能源天然气存在供不应求的状态，并且这种状态随着时间的推移会越来越显著。弥补天然气供需缺口完全依赖进口，存在多方面的风险：一是价格风险，随着天然气价格的不断上升，增加了进口天然气的成本，从而会影响到我国天然气的利用；二是天然气资源的有限性，作为自然资源的天然气，随着全球的利用，其可利用量越来越少，必然会出现资源匮乏；三是政治环境风险，由于天然气资源不平均分布，且天然气是洁净能源，各国对其依赖程度会变得越来越强，这就会出现为争夺资源造成地区或区域性摩擦，因而导致天然气进口波动。由于各种原因，勘探开发利用替代能源，弥补常规天然气的不足，是我国不得不面对的现实问题。而煤层气与天然气组分基本相同，可共用用户，且我国煤层气资源丰富，这将在弥补常规天然气供应缺口上发挥重要作用。2015 年全国煤层气勘查新增探明地质储量 3 540×10^8 m^3，同比增长 27.5%；新增探明技术可采储量 710.06×10^8 m^3，同比增长27.0%。至 2016 年底，全国煤层气累计探明地质储量为 6 869.12×10^8 m^3；累计探明技术可采储 2 041.06×10^8 m^3；剩余技术可采储量 2 024.70×10^8 m^3。国家能源局发布的《煤层气(煤矿瓦斯)开发利用"十三五"规划》显示："十三五"时期我国新增煤层气探明地质储量将达 4 200×10^8 m^3。"十三五"期间，煤层气(煤矿瓦斯)产量可以弥补国内天然气供需缺口的一半左右。

5.3 山西省天然气市场需求

5.3.1 基本方法的选取

国内外学者和机构对能源需求预测进行了广泛的研究，提出了许多能源需求预测的方法，大致可分为两大类：一类是用统计分析方法找出现象与能源需求之间的关系，并根据这些关系来预测能源需求的方法。这些方法有能源消费弹性系数法、回归分析法、单位能耗法、因素分析法、部门耗能分析法等。另一类是时间序列预测方法，主要包括确定性时间序列分析方法和随机性时间序列分析方法。确定性时间序列分析法是设法消除序列中的随机性波动，拟合确定性趋势，这种方法常常是许多经济时间序列作长期粗略预测的基础。随机性时间序列分析法是根据随机理论对随机序列进行分析。

所有的能源需求预测方法都有其优缺点。目前，比较常用的能源需求预测方法有能源需求弹性系数法、单位能耗法、自回归滑动平均模型(ARMA)法、部门耗能法、灰色系统法和趋势预测法。运用上述方法对我国历年来能源需求预测，并与实际能源消耗量相比较，能源需求弹性系数法的误差相对来说较小，准确度较高，在对能源消费总量的预测上有比较明显的优势。因此，本书对山西能源消费量的估算运用能源弹性系数与回归分析法来进行预测。

能源消费弹性系数，是指一个国家、地区或区域的能源消费增长率与经济增长率之比，反映能源消费增长速度与国民经济增长速度之间比例关系的指标。能源作为社会生产活动和人类生存的物质基础，是社会经济发展的原动力。能源消费与经济增长之间必然存在着某种函数关系。一般而言,经济增长必然伴随着能源消耗的增加。目前国内外通常采用能源消费弹性系数来定量地表示能源消费与经济增长之间的关系。经济增长率普遍采用国内生产总值(GDP)的增长率,具体公式如下:

$$\text{能源消费弹性系数}=\frac{\text{能源消费增长率}}{\text{经济增长率}}=\frac{\text{能源消费增长率}}{\text{GDP 增长率}}$$

从上式可以看出,能源消费弹性系数直接反映了经济增长对能源消费的依赖关系。能源消费弹性系数越大,说明经济增长利用能源的效率就越低,反之则越高。

能源消费弹性系数方法是一种宏观的计量经济分析方法。它宏观地反映了一个国家、地区或区域能源消费与国民经济发展的统计规律。当一个国家、地区或区域处于某个历史发展阶段时,能源消费弹性系数大体上有一个比较稳定的数值范围。因此,根据历史统计数据,进行回归分析,找出能源消费的弹性系数,然后利用这个值来预测今后年份的能源消费需求量是可行的。

5.3.2 基本思路

利用能源弹性系数法来预测山西煤层气需求量的具体思路是:首先,根据能源消费弹性系数法预测山西能源需求量总量,即根据山西省历年能源消费弹性系数的变化规律,先确定未来一定时期的能源消费弹性系数,再根据相关部门预测或有关部门规划得出未来一定时期国内生产总值的增长速度,从而算出能源消费增长速度。在此基础上,以某年能源消费量为计算基数,依据能源消费增长速度计算出各年度的能源消耗量,也就是能源需求量。其次,结合山西省能源结构调整目标,确定各年度天然气在总能耗中的比例,最终预测出未来各年度的天然气需求量规模。最后,根据煤层气在天然气中的比例,得出煤层气消费量,即煤层气需求量。

5.3.3 山西能源需求量预测模型的确定

山西省能源消费水平受各方面因素影响变化较大,如生产技术水平、管理水平、市场环境、产业结构、发展目标等因素。在一定时期,国内生产总值增长速度对能源消费水平影响更大。因此,本书对山西省能源需求总量的预测主要考虑地区生产总值增长速度和能源消费弹性系数两个因素，并通过地区生产总值增长速度与能源弹性系数的相互关系利用统计产品与服务解决方案(SPSS)软件拟合模型来预测山西能源需求量。

能源消费与社会经济增长具有一定的相关性，可以用一定的函数关系来描写他们，如与柯布-道格拉斯生产函数有类似的形式。

$$E = kG^b \tag{1}$$

式中 E 为当年社会能源消费总量，G 为当年国内生产总值 GDP，k、b 为待定系数。

如果 $E_1, E_2, \cdots, E_n$ 分别为时期 $1,2,\cdots,n$ 的能源消费量，$G_1, G_2, \cdots, G_n$ 分别为时期 $1,2,\cdots,n$ 的国内生产总值；ΔE，ΔGDP 为相应的变化量，对于能源消费弹性系数的计算公式为：

$$e = \frac{\Delta E/E}{\Delta G/G} \tag{2}$$

对于以上两式，可以推得 b 即为能源消费弹性系数 e，对式(1)两边取对数：

$$\ln E = \ln k + b\ln G \tag{3}$$

设 $Y=\ln E, a=\ln k, X=\ln G$，则式(3)可以改写为：

$$Y = a + bX \tag{4}$$

通过一元线性回归，即可得(4)式中的 a 和 b，也即找出了 E 和 G 的函数关系及能源消费弹性系数。

为此，我们根据《山西统计年鉴》中 2000—2018 年间山西省能源消费量与地区生产总值，利用能源消费弹性系数预测未来年份的能源需求，见表5-8。

表 5-8　山西能源消费量和 GDP 及其增长速度与能源消费弹性系数数据表

年份	山西省能源消费总量 E(标准煤)/($\times 10^8$ m^3)	山西省 GDP G/亿元	山西省 GDP 增长速度/%	山西省能源消费增长速度/%	山西省能源消费弹性系数 e
2000	6 728	1 845.72	—	—	—
2001	7 968	2 029.53	9.96	18.43	1.85
2002	9 339	2 324.80	14.55	17.21	1.18
2003	10 387	2 855.22	22.82	11.22	0.49

表 5-8(续)

年份	山西省能源消费总量 E(标准煤)/($\times 10^8$ m^3)	山西省 GDP G/亿元	山西省 GDP 增长速度/%	山西省能源消费增长速度/%	山西省能源消费弹性系数 e
2004	11 251	3 571.37	25.08	8.32	0.33
2005	12 750	4 230.53	18.46	13.32	0.72
2006	14 098	4 878.61	15.32	10.57	0.69
2007	15 601	6 024.45	23.49	10.66	0.45
2008	15 675	7 315.40	21.43	0.46	0.02
2009	15 576	7 358.31	5.87	−0.63	−0.11
2010	16 808	9 200.86	25.04	7.91	0.32
2011	18 316	11 214.20	21.88	8.97	0.41
2012	19 336	12 126.58	8.14	5.57	0.68
2013	20 274	12 665.25	4.44	4.85	1.09
2014	19 863	12 761.49	7.60	−2.03	−0.27
2015	19 383	12 766.49	3.1	−2.42	−0.78
2016	19 401	12 966.20	1.56	0.09	0.06
2017	20 057	15 528.42	19.76	3.38	0.17
2018	20 692	16 818.11	8.31	3.2	0.39

数据来源:《山西统计年鉴》及其整理所得。

根据式(3)对表 5-8 中数据进行处理,即对 GDP 和能源消费总量取对数,结果如表 5-9 所示。

表 5-9 山西能源消费量和 GDP 对数数据表

年份	$\ln E$	$\ln G$
2000	8.81	7.52
2001	8.98	7.62
2002	9.14	7.75
2003	9.25	7.96
2004	9.33	8.18
2005	9.45	8.35
2006	9.55	8.49

表 5-9(续)

年份	$\ln E$	$\ln G$
2007	9.66	8.70
2008	9.66	8.90
2009	9.65	8.90
2010	9.73	9.13
2011	9.82	9.32
2012	9.87	9.40
2013	9.92	9.45
2014	9.90	9.45
2015	9.87	9.45
2016	9.87	9.47
2017	9.91	9.65
2018	9.94	9.73

数据来源：由表 5-8 取对数所得。

可以根据式(1)，利用 SPSS 数据处理软件，对 2000—2018 年的山西省能源消费量和 GDP 的关系建立如下模型：

$$Y = 5.76 + 0.43X$$

从而确定山西能源需求量预测模型为：

$$E = 317.35G^{0.43} \tag{5}$$

由式(5)可知，2000—2018 年山西省的能源消费弹性系数平均值为 0.43，即 GDP 增长 1 个百分点，能源消费增长 0.43 个百分点。

5.3.4 能源消费弹性系数的确定

统计资料显示，“十五”期间山西省能源费弹性系数均值大于 1，这一数字说明了山西省国民经济产业结构不合理、能源利用效率低，也反映出山西省耗能部门在国民经济中的比重偏大，科学技术水平比较低下。随着科学技术的进步，能源利用效率的提高，产业结构正向合理性变化，耗能工业也在不断地降低能耗，所以，2003 年以来，山西能源消费弹性系数均小于 1，甚至 2009 年和 2014 年为负数。但这并不意味着山西经济发展与能耗成反比，只是因为 2007 年下半年爆发金融危机和 2008 年举办奥运会，限制了高耗能产业的高速度发展。随着 2010 年全国经济的缓慢复苏，作为全国煤炭大省的山西，能源消费水平也在逐渐上升。特别是山西仍属于不发达省份，又以重工业为主，随着国民经济发展，能源消费水平快速增长。能源消费弹性系数变动与经济发展阶段和产业结构调整高度密切相关。通过发达国家和我国发达省份的经济发展与能源弹性系数变动的关系来看，一般产业结构向第三产业和高新技术产业等低能耗产业转变，同时通过注重节能和技术进步，则能源消费弹性系数会下降。根据山西经济发展水平，“十二五”与“十三五”期间山西经济的发展仍然主要依靠第二产业来带动，其能源消费弹性系数估计仍处于较高水平，本书将“十二五”与“十三五”这十年间的能源消费弹性系数保持在目前的平均水平，即为0.43。到2020年以后，当山西经济发展达到一定规模后，由于科学技术水平的发展和能源结构的调整与优化升级，以及产业结构向第三产业转变，尤其是加大了环境保护，增强节能降耗减排的力度，用能方式、经济增长方式转变，其能源消费弹性系数会略有下降，因此，我们预测2020—2030年山西能源消费弹性系数为0.4。

5.3.5　山西能源需求量的预测

山西目前呈现出经济发展总体水平较低，为了与发达省份缩小差距，在今后相当长一段时期内，将会保持较高的GDP增长率。根据山西省提出的发展战略，结合当前中国经济发展的宏观环境，据此，我们推测2019—2020年间山西省GDP年均增长速度仍保持在12%左右，即按12%来进行计算。2021—2030年随着经济规模和经济总量的不断扩大，特别是进入以第三产业带动经济发展阶段，经济发展速度与目前第二产业带动经济发展相比有所放缓，即GDP年均增长速度略有放缓，但下降幅度不会太大，GDP年增长率仍会高于全国平均水平，本书估计为10%。

根据上述对能源消费弹性系数和GDP年均增长速度的分析，2019—2020年山西能源消费弹性系数为0.43，GDP年均增长速度为12%；2021—2030年山西能源消费弹性系数为0.4，GDP年均增长速度为10%，按式(5)预测2019—2030年的山西能源需求量结果如表5-10所示。

表 5-10 2019—2030 年山西能源消费量表

年份	山西省能源消费总量(标准煤)/($\times10^4$ t)	年份	山西省能源消费总量(标准煤)/($\times10^4$ t)
2019	21 866.86	2025	19 693.46
2020	22 958.85	2026	20 458.75
2021	16 908.05	2027	21 253.77
2022	17 565.10	2028	22 079.70
2023	18 247.69	2029	22 937.66
2024	18 956.79	2030	23 829.08

5.4 山西省煤层气市场需求

天然气属于清洁能源，其二氧化碳排放量比煤炭和石油都低，在中国能源需求量快速增长的大背景下，改善能源结构，节能减排，降低二氧化碳排放量，提高天然气在能源构成中的比重，实现向低碳经济发展，是我国未来发展的必然趋势。为此，中国政府提出了两个指标：一是到 2020 年，非化石能源要达到一次能源消费量的 15%；二是单位 GDP 的 CO_2 排放量，2020 年要比 2005 年降低 40%～45%。国家能源局提出，将天然气在一次能源中的比例由 2015 年的 8.3%提高到 2020 年的 12%。由于能源消费基数很大，天然气在能源构成中要如此大幅度提高，是一项艰巨的任务。山西省经济社会发展除了符合国家的能源政策外，还要结合山西能源发展的实际情况。为此，2019—2020 年山西省天然气在一次能源消费比例中确定为 10%；2021—2030 年天然气在一次能源消费比例中将提高到 25%。

由于山西没有天然气资源，而煤层气资源丰富，因而，天然气需求量近似为煤层气需求量。经预测，2019—2030 年间每年山西煤层气需求量如表 5-11所示。

表 5-11 2019—2030 年山西煤层气需求量表

年份	山西省煤层气需要量/($\times10^8 m^3$)	年份	山西省煤层气需要量/($\times10^8 m^3$)
2019	2 186.686	2025	4 923.365

表 5-11(续)

年份	山西省煤层气需要量 /($\times 10^8 m^3$)	年份	山西省煤层气需要量 /($\times 10^8 m^3$)
2020	2 295.885	2026	5 114.687 5
2021	4 227.012 5	2027	5 313.442 5
2022	4 391.275	2028	5 519.925
2023	4 561.922 5	2029	5 734.415
2024	4 739.197 5	2030	5 957.27

第六章　离柳地区煤层气产业经济评价

6.1　经济性影响因素

6.1.1　地质因素

地质条件影响着煤层气资源的开发，在煤层气开发项目经济评价中，影响煤层气开发的地质因素有煤储层渗透率及割理显微裂隙系统、煤层含气量、构造条件、煤层埋藏深度、构造类型、地下水、地下煤层面积、储层压力等。

1）煤层埋藏深度

煤层埋深或上覆地层有效厚度是控制煤层含气量的主要因素之一，其控制主要表现在：一是随着深度的增大，煤的变质程度加深，从而导致甲烷含量增高；二是随着储层埋深增大，储层压力相应增加，从而加大了煤层的吸附能力，使煤层的甲烷含量增高。在其他条件相同或相近的情况下，一般随煤层埋藏深度加深，含气量增加。另外，煤层埋深受吕梁山隆起西翼一走向南北、向西倾斜的大型单斜构造控制。目前，我国煤层气开发技术条件下的经济合理性开采埋藏深度以 1 500 m 以浅最为适宜。随着埋藏深度的增加，开采成本随之增加，同时，对开采技术提出了相当高的要求，从而会影响煤层气开发的经济效益。经有关地质勘探部门测算，离柳地区的煤层气埋藏深度大多浅于 1 500 m，在 600～1 300 m 之间，极有利于煤层气勘探开发。

2）煤层气资源量

煤层气资源量大小与分布是煤层气地质评价的重要内容，也是煤层气开发前进行煤层气资源经济评价的主要依据，它直接影响煤层气开发的经济效益。煤层气开发效益好坏与煤层气的远景资源量与地质储量密切相关，取得良好的经济效益必须有一定规模的地质储量，地质储量少，达不到煤层气产业长期发展的规模，也就意味着煤层气田无工业开采的价值。决定煤层气资源量的因素包括含煤面积、地层倾角、煤层有效厚度、煤层含气量和煤密度等。

含煤面积在一定程度上决定煤层气资源量，在其他条件不变的情况下，含煤面积越大，煤层气资源量也越大；煤层气资源量越大，其开发规模和开采年限就会越长，理论上，经济效益也会越好。

地层倾角大小影响含煤面积的计算。在探明含气面积一定时，地层倾角越小，含煤面积越大，反之，计算含煤面积时要采取一定的技术处理。

煤层有效厚度是煤层气气藏形成的基础，煤层厚度越大，分布面积越广，煤层气富集程度和煤层气量也就越大。因为煤层孔隙发育尤其是微孔隙的发育，其储气能力通常是砂岩的 3 倍左右。煤层总厚度一般分为巨厚煤层（＞50 m）、厚煤层（50～10 m）、中厚煤层（10～5 m）、薄煤层（＜5 m）。根据目前煤层气开发经验，煤层单井总厚度大于 10 m 分布区的煤层气，具有商业开发价值；中等厚度煤层分布区的煤层气稳产期短、开采经济价值不高；薄煤层分布区的煤层气一般没有商业开发价值。煤层倾角小于 15°时，可用煤层视厚度计算；当煤层倾角大于 15°时，以煤层真实厚度计算。一般单煤层厚度不小于 0.6 m，否则无法进行煤层分层压裂开采。

煤层含气量是定量评价煤层气开采价值的重要指标。一般来说，含气量高，煤体中气体富集程度高。煤层中的含气量大于 4 m^3/t 时，才对煤层气气藏的形成有意义。含气量越高。煤储层的煤层气资源越丰富，越有利于开发。根据中国实际情况和煤层气勘探开发的需要，将中国煤层含气量划分为贫气（＜4 m^3/t）、含气（4～8 m^3/t）和富气（＞8 m^3/t）三个品级；有时划分为含气量高（＞20 m^3/t）、含气量较高（15～20 m^3/t）、含气量中等（8～15 m^3/t）和含气量低（＜8 m^3/t）。国内外已开发的煤层气气田高产区块的含气量均超过 15 m^3/t，而低含气量地区无商业开发价值。目前，国内外一般计算煤层气储量的含气量的下限值为 8 m^3/t。

煤密度也是地质评价中的一个重要参数，它分纯密度和视密度，煤密度不同，对应的含气量不同。另外，煤层灰分含量直接反映煤层含气量的高低，在煤层其他条件相同的情况下，灰分含量越少，煤质越纯，煤层气吸附量越大，含气量就越高。

3）煤储层特性

煤储层特征主要指煤的孔隙率、渗透率、煤储层压力、煤层割理、有效地应力和临界解吸压力。煤的孔隙发育情况与煤化程度有关，一般来说，低煤阶煤有更高的孔隙率，肥煤、焦煤的孔隙率最低，瘦煤以后有所增高。此外，煤层孔隙半径取决于煤层的显微组分结构和热演化程度等因素，一般具有中孔、大孔的煤层热演化程度低，生气量小于吸气量。煤层渗透率的大小取决于煤层孔隙和裂缝，是评价煤层气开发经济性的重要指标。低渗透率煤层分布区的煤层气一般没有商业开发价值。煤层割理是由煤化作用、热变质作用、构造应力和差异压实等所形成的，其发育程度直接影响煤层渗透率，煤层割理越发育则煤层渗透率越高。煤储层压力对煤层气含量、气体赋存状态起着重要作用，储层压力的高低决定着煤储层对煤层气的吸附能力和煤层气的解吸能力。一般来说，储层压力越高越有利于煤层气的开发，采气过程中排水降压就是利用压力差，特别是临界解吸压力来实现从煤孔隙中把吸附的气体解吸出来的，因此，煤储层压力对煤层含气性和开采地质条件的评价十分重要。有效地应力是煤层气压裂最小有效闭合应力，为煤层破裂压力与其抗张强度之差。有效地应力与区域地应力和煤层埋深有关，煤层气多富集于高地应力下的局部低地应力区。煤层有效应力越大，其压裂难度一般越大。煤储层埋藏越深，煤储层的压力越大，煤对甲烷的吸附量呈非线性增加。

4）水文地质条件

水文地质条件对煤层气赋存、运移影响很大，对煤层气开采至关重要。水文地质条件既可使煤层气逸散，也可起到保存聚集煤层气的作用。一般来讲，地下水压力大，煤层气含量高，反之则低；地下水的强径流带煤层气含量低，而滞流区则含量高。地下水的矿化度是反映煤层气运移、保存和富集成藏的一个重要指标。高变质煤倾向于高矿化度，代表水力交替作用弱，煤层气保存条件好。因此，煤层气的形成、运移、富集以及煤层气的开采、资源评价等与水文地质条件息息相关。据煤层气勘探开发经验显示，煤系中流动的地下水对煤层气的含量影响很大。一般情况下，水动力活跃的地区，煤层气的含量小；在水动力不活跃地区或滞流水区域，煤层气的含量就比较高。在煤矿生产实践中，水动力活跃的采煤区，瓦斯突出事故就少或无瓦斯突出;在水动力比较弱的采煤区,瓦斯突出事故就比较多或者瓦斯涌出量比较大。水文地质条件对高低煤阶煤煤层气成藏控制存在差异性,一般高煤阶煤滞流水区域为富气区。在煤层气项目经济评价中,水文地质条件主要表现为水处理费用。当煤层含有过多的地下水,水处理费用会相应增加,从而增加投资成本,影响煤层气开发的经济性。另外,煤层中水分越多,煤层孔隙中就会被水充满,从而会减少煤层吸附甲烷数量,这既会增加钻井压裂费用,也会由于排水期较长,增加煤层气开发周期成本,不利于煤层气的经济性开发。

5）地质构造条件

煤层气是煤层的共生矿产并储集在煤层中,构造作用控制着煤层气生、储、保的整个过程,决定着煤层气资源量及煤层气含量的大小。不同类型构造具有不同控气性,导致煤层气含量有所不同。在进行煤层气开采中,地质构造会影响煤层气采排效果,也会影响钻井压裂费用和水处理费用以及钻井的成功率。在构造复杂区,一般钻井成功率较低,从而会增加投资,影响煤层气开发的经济性。有的构造区,会导致钻井失败或只产出水,很少产出气,这些都会增加煤层气开发的成本。因此,在煤层气开发前进行煤层地质构造分析对煤层气经济性开发至关重要。

6.1.2　政策因素

煤层气勘探开发初期成本高、风险大、投资回收期长。煤层气的开发,目前主要不是经济效益的体现,而是其显著的社会效益和环保效益的体现。根据世界主要煤层气生产国成功进行煤层气商业化开发并推进煤层气产业化的经验表明,在煤层气勘探开发及其产业化初期发展过程中制定有利于煤层气勘探开发及其产业发展的政策法规至关重要,它是推动煤层气产业快速发展的动力源泉和根本保证。国家税收的优惠、资源补偿费优惠、煤层气价格补贴、煤层气发电上网补贴等政策对煤层气开发经济效益具有直接影响,在某种程度上,是对煤层气开发过程中能源安全、煤矿安全生产和环境保护效益的一种经济性补偿。因此,在煤层气开发经济性评价中各种政府性补贴及税收优惠政策因素必须予以考虑。

6.1.3　地理位置及交通因素

煤层气的地理位置,交通条件等决定着煤层气项目的经济效益的实现。煤层气所在煤矿的地理位置，对煤层气勘探开发工程投资和开采成本都有很大影响，从而对煤层气开发的经济性具有直接影响。影响煤层气生产经济性的地理因素主要有：自然地理条件、气候条件、地理位置、基础设施以及其他相关的社会条件。目前我国大多数含煤层气盆地与含煤盆地一样地理位置处于边远地区，距离工业园区较远，交通运输和基础设施相对比较薄弱。这影响到煤层气开发项目的井场工程、站场工程、采气管线工程、供电工程、道路部分等地面系统工程建设投资和管线铺设投资。

6.1.4 资源条件

煤层气产业是一种新兴产业，煤层气资源开发项目投资是一种商业行为，以获取最大利润为目的，因此，必须进行经济评价和投资预测，为投资提供决策依据。其中，资源评价是煤层气资源开发项目第一要素。煤层气资源的优劣直接影响煤层气开发的投资成本高低。一般情况下，煤层中甲烷含量大、浓度高，有利于煤层气开发利用；反之，会增加煤层气排水与去除杂质的成本费用，也容易给煤层气下游产业增加难度，从而导致投资大、效益低。

6.1.5 技术因素

煤层气产业属于资金技术密集型产业，煤层气产业的形成和发展必须依赖于科技进步。与此同时，煤层气产业上的每一次发展，必然有理论上或者技术上大进步的带动或者推动。这在美国、加拿大、澳大利亚煤层气产业发展中业已证明，在我国同样如此。科技进步在煤层气勘探开发中的作用主要表现为提高煤层气勘探作业效率、降低煤层气生产成本、提高煤层气采收率等。积极探索煤层气勘探开发技术，评估其地质适用条件与经济性，对我国煤层气的大规模商业化利用具有重要意义。具体到煤层气开发经济评价中体现为勘探开发投入的减少或经济收益的回报率增加。

6.1.6 经济因素

煤层气开发项目中经济评价涉及的因素很多，主要包括投产前勘探投资，投产后开采费用、经营成本、销售收入、利润、税金等。其中，投产前勘探投资主要包括地质、钻井工程、增产措施、集输设备等，这笔投资往往占总投资的比例最大，对煤层气开发经济效益的影响也最大；投产后开采费用主要包括排水及处理、环保、采气作业和管理费用等，由于煤层气的特殊性，这笔费用要比常规天然气开采费用多，也是影响煤层气开发经济效益的一个重要因素；销售收入取决于煤层气产量、商品率和煤层气价格因素，同时与煤层气传输方式（管道、灌装等）、用户类型（民用、工业）与远近、当地物价和能源需求程度以及国家经济政策（税收）等多方面有关系，变化的幅度较大，对煤层气开发经济效益有重要影响；税金主要是政府的各种优惠政策及补贴。所有这些因素直接决定煤层气开发能否盈利，是煤层气开发经济性评价中主要考虑的指标因素。

6.2　经济评价方法

目前，煤层气项目开发的经济评价方法较多，如净现值法、内含报酬率法、回收期法、会计收益率法等。其中净现值法是一种比较成熟的动态经济评价方法，是资源性资产价值评估最常用的方法，在合理性和可操作性方面更为可取。因此本书选择净现值法构建煤层气开发经济评价模型，对离柳地区煤层气开发进行经济性评价。

6.2.1　净现值法基本原理

净现值法的计算公式：

$$\mathrm{NPV} = \sum_{t=0}^{n} (C_{\mathrm{i}} - C_{\mathrm{o}})_t (1 + i_0)^{-t}$$

式中　NPV——煤层气目标区在计算期内的经济效益；

C_{i}——计算期内开发煤层气资源的现金流入；

C_{o}——计算期内开发煤层气资源的现金流出；

t——计算期的年序号，$t=1,2,3,\cdots,20$ a；

n——计算期；

i_0——基准折现率；

$(1+i_0)^{-t}$——第 t 年的折现系数。

净现值法所依据的原理是：假设原始投资是按资本成本借入的，当净现值为正数时偿还本息后该项目仍有剩余的收益，当净现值为零时偿还本息后一无所获，当净现值为负数时该项目收益不足以偿还本息。资本成本是投资人要求的最低报酬率，净现值为正数表明项目可以满足投资人的要求。

也就是说，如果净现值为正数，表明投资报酬率大于资本成本，该项目经济上可行；如果净现值为零，表明投资报酬率等于资本成本，该项目从投资角度来说不盈利也不亏本；如果净现值为负数，表明投资报酬率小于资本成本，该项目将亏本，经济上不可行。

6.2.2 内部收益率

财务内部收益率是指煤层气项目在整个计算期内各年净现金流量现值累计等于零时的折现率，可根据现金流量表中的净现金流量，用试差法求得，计算公式如下：

$$\sum_{t=0}^{n}(C_{\mathrm{i}}-C_{\mathrm{o}})_{t}(1+\mathrm{IRR})^{-t}=0$$

式中 C_{i}——计算期内开发煤层气资源的现金流入量；

C_{o}——计算期内开发煤层气资源的现金流出量；

t——计算期的年序号，$t=1,2,3,\cdots,20$ a；

n——计算期；

IRR——内部收益率。

当内部收益率大于或等于行业基准收益率或折现率时，即认为其盈利能力已达到最低标准，可以接受，在财务上是可行的。

一般来说，煤层气项目的基准收益率取值为12%(参照天然气开采项目)。

6.2.3 离柳地区煤层气开发的经济评价模型

1）经济评价的思路

首先对离柳地区煤层气产量和煤层气市场需求进行预测；其次，以某个煤层气开发项目在20 a计算期内的产能预测，并根据煤层气项目总投资、总成本以及煤层气产业适用的各种税金与补贴，估算出煤层气开发项目在计算期内的开发效益；最后，确定计算期内一定面积煤层气开发的经济性，以此推断整个离柳地区煤层气在计算期内开发的经济评价。

2）煤层气市场需求预测及规模预测

离柳地区隶属吕梁地区，与沁水盆地紧密相连，煤层气主要向吕梁地区、太原市、河南及陕西等周边省市或直接送入天然气管道销往全国各地。目前，山西正在实施“气化”山西，且本身并没有天然气资源，而煤层气资源丰富，所以，煤层气成为山西“气化”的主体能源之一，市场需求较大，根据目前技术与规模，完全可以本省就地消化。但煤层气作为一种能源产业，由于资源的有限性和产业发展的规律性，开发煤层气资源既要符合能源产业的发展规律，又要考虑能源的可持续性和可接替性原则。因此，煤层气开发要适当地注意发展规模。

按照煤层气资源量向经济储量转化率20%计算，离柳地区煤层气资源经济储量约为1 973.95×10^8 m^3，其中1 500 m以浅的煤层气资源储量为1 512.32×10^8 m^3。采收率参照沁水樊庄区块采收率52%来估算，离柳地区煤层气资源经济可采储量为1 026.54×10^8 m^3，其中1 500 m以浅的煤层气资源经济可采储量为786.41×10^8 m^3。若按离柳地区煤层气能源持续供应100 a计算，在现有技术和设备条件下，平均每年可开发煤层气约为7.8×10^8 m^3。本书对离柳地区煤层气资源开发方案设计中建设产能取值为7.8×10^8 m^3。

3）煤层气开发经济评价的模型及参数

由于采用净现值法进行经济评价，因此，要确定煤层气项目净现值的现金流入与现金流出。

(1) 现金流入。包括营业收入、补贴收入、回收油气资产余值和回收流动资金。

① 煤层气营业收入由煤层气年产量、商品率和煤层气销售价格三者决定。

本次经济评价按照1.38元/m^3气价计算，商品率取99%。

煤层气年营业收入=年产气量×商品率×气销售价格

即

$$R(t) = q(t) \times f_s \times p_w$$

式中　$R(t)$——煤层气营业收入；

$q(t)$——煤层气年产量；

f_s——商品率；

p_w——煤层气销售价格。

② 煤层气补贴收入

根据财政部财建〔2007〕114 号文件，中央财政按 0.2 元/m³ 煤层气（折纯）标准对煤层气开采企业进行补贴，补贴计入营业收入。其计算公式如下：

补贴额度=（销售量＋自用量－用于发电量）×补贴标准

即

$$P_b = [q(t) - q_d] \times p_b$$

式中 P_b——补贴收入；

q_d——用于发电的量；

p_b——补贴标准。

③ 回收固定资产残值

借鉴国内外油气公司的做法，不考虑固定残值回收问题，即净残值为 0。

④ 流动资金回收（R_h）

流动资金回收，按照年底一次性收回的方式处理。

因此，现金流入 $R_z(t)$

$$R_z(t) = R(t) + P_b + R_h$$

（2）现金流出。包括建设期排采费、建设投资、建设期贷款利息、流动资金、经营成本、营业税金及附加等。

① 投资估算

• 建设期排采费（c_{jc}）

根据目前已完工的煤层气项目测算。一般来说，每新建 1.0×10^8 m³ 产能大约花费 2 000 万元。

• 建设投资。主要包括钻井工程投资、采气工程投资、地面建设工程投资。

钻井工程投资：根据沁水盆地煤层气开发经验，目前煤层气地面开采模式主要有直井和多分支水平井两种开发井型。从安全环保、节约土地、经济效益出发，综合考虑地质条件适应性、综合效益和投资风险等因素，离柳地区煤层气开发中同时采用直井和多分支水平井技术，充分利用两种技术的优点。地面垂直井技术比较成熟，风险小，应用较多，而多分支水平井技术正处于试验阶段，风险较大，目前在我国较少应用。因此，开发前期评价井少、煤层构造不清，建议先钻直井；开发中后期，在煤层构造等地质资料较清楚，且其他条件适合的情况下，部署实施水平井技术。在充分动用地区煤层气资源的同时，尽量规避各种地质风险等不利因素，努力实现开发项目综合效益最大化。

$$c_z = [h \times (c_1 + c_2) + c_g + c_c + c_{qz} + c_{qd}] \times w_1 + c_s \times w_2$$

式中　c_z——煤层气地面开发钻井工程投资总额，元；

h——地面垂直钻井的深度，m；

c_1——地面钻井费用，元/m；

c_2——套管及套管附件费用，元/m；

c_g——固井费用，元/口；

c_c——测井费用，元/口；

c_{qz}——钻前费用(直井)，元/口；

c_{qd}——钻前费用(定向井)，元/口；

w_1——地面垂直井数量，口；

c_s——水平井成本，元/口；

w_2——水平井数量，口。

采气工程投资：采气工程投资费用包括射孔、压裂投产、地面、井下等几部分的费用。

$$c_{cq} = c_{sk} \times w_3 + c_{yl} \times w_4 + c_{zc} \times w_5 + c_{lx} \times w_6 + c_{cy} \times w_7 + c_{qt} \times w_8$$

式中　c_{cq}——地面钻井采气工程投资总额，万元；

c_{sk}——射孔费用，万元/m；

c_{yl}——压裂费用，万元/次；

c_{zc}——投产作业费用，万元/次；

c_{lx}——螺杆泵费用，万元/套；

c_{cy}——抽油机费用，万元/套；

c_{qt}——压力计及控制器费用，万元/个；

w_3——射孔数量，m；

w_4——压裂数量，次；

w_5——投产作业数量，次；

w_6——螺杆泵数量，套；

w_7——抽油机数量，套；

w_8——压力计及控制器数量，个。

地面工程投资：地面建设工程投资包括井场工程、站场工程、采气管线工程、穿越工程、供电工程、通信工程、道路部分及其他费用等。具体地来讲，地面建设工程投资总额如下：

$$c_d = a_1 + a_2 + a_3 + a_4 + a_5 + a_6 + a_7 + a_8$$

式中　c_d——地面建设工程投资总额；

a_1——井场工程投资总额；

a_2——站场工程投资总额；

a_3——采气管线工程投资总额；

a_4——穿越工程投资总额；

a_5——供电工程投资总额；

a_6——通信工程投资总额；

a_7——道路工程投资总额；

a_8——其他费用。

- 流动资金

流动资金是指为维持生产所占用的全部周转资金，采用扩大指标估算法，其估算公式如下：

$$c_l = c_j \times r$$

式中　c_l——流动资金；

c_j——年经营成本；

r——流动资金占年经营成本的比例。

一般来说，流动资金按年经营成本的 18%估算。

- 建设期贷款利息（S_{dk}）

$$S_{dk} = P(1 + i)^n$$

式中　P——本金；

i——利率；

n——贷款期限。

S_{dk}——贷款利息。

建设投资 55%为自有资金，45%为贷款，贷款利率为 1%。

因此，煤层气项目总投资费用＝建设期排采费＋建设投资＋建设期贷款利息＋流动资金。

② 成本费用

• 生产成本。包括采气操作成本、煤层气经中央处理厂的处理成本和折旧费。

采气操作成本：主要包括人员费用、材料费、燃料费、动力费、井下作业费、维护修理费、运输费、工农土地赔偿费、综合服务费等。

增加煤层气经中央处理厂的处理成本为 0.119 元/m^3。

折旧费：年折旧额＝固定资产原值×(1－残值率)/折旧年限

本煤层气开发项目中折旧费采用平均年限法计算，折旧年限为 10 a，年综合折现率按 10%计算，净残值为 0。

• 管理费用。主要包括摊销费、矿产资源补偿费和其他管理费。

摊销费：摊销费是指无形资产和递延资产在一定期限内分期摊销的费用。

摊销费＝固定价×(1－固定资产形成率)

无形资产摊销年限 10 a，递延资产摊销年限 5 a。

矿产资源补偿费：

征收矿产资源补偿费金额＝矿产品销售收入×补偿费费率×开采回采率系数

按照国家优惠政策，煤层气开发项目免交矿产资源补偿费。

其他管理费为 3 万元/人・年，按照地面建设工程方案设计，本煤层气开发项目定员为 105 人。

• 财务费用

生产经营期内固定资产借款利息和流动资金贷款利息之和，不考虑除利息之外的财务费用。

• 营业费用

按营业收入的 0.5%计算。

③ 营业税金及附加

在煤层气开发项目经济评价中涉及的营业税金及附加有增值税、资源税、城市维护建设税和教育附加费。

• 增值税

销项税额＝销售额×税率

应纳税额＝当期销项税额－当期进项税额

根据财政部、国家税务总局〔2007〕16 号文件，对煤层气项目采取先征后退的优惠政策，增值税税率为 13%。

• 资源税

据财政部、国家税务总局〔2007〕16 号文件，对地面抽采煤层气暂不征收资源税。

• 城市维护建设税

城市维护建设应纳税额＝(增值税＋消费税＋营业税)×适用税率

本书煤层气开发项目按应交增值税的 5％计算。

• 教育附加费

应纳教育附加费＝(实际缴纳的增值税、消费税、营业税三税税额)×3％

本书煤层气开发项目按应交增值税的 3％计算。

$$R_c(t) = c_{jc}(t) + c_z(t) + c_{cq}(t) + c_d(t) + c_l(t) + c_{dk}(t) + c_{cb}(t) + T_x(t)$$

式中 $R_c(t)$——计算期内开发煤层气资源的现金流出；

$c_{jc}(t)$——建设期排采费；

$c_z(t)$——钻井工程投资费用；

$c_{cq}(t)$——采气工程投资费用；

$c_d(t)$——地面工程投资费用；

$c_l(t)$——流动资金；

$c_{dk}(t)$——贷款利息；

$c_{cb}(t)$——成本费用；

$T_x(t)$——各种税费。

4）离柳地区煤层气开发基础数据

目前，我国煤层气地面勘探开发活动主要集中在沁水盆地和鄂尔多斯盆地东缘。我们通过对沁水煤田和河东煤田部分开发区块经济参数的分析，综合不同煤层气开发企业的投资成本，结合离柳地区的地表条件、气候特点、基础条件、社会条件等，得出离柳地区煤层气开发基础数据表、公用经济参数表（如表 6-1 和表 6-2）。

表 6-1 离柳地区煤层气开发基础数据列表

参 数		
一	投资估算	
(一)	建设期排采费	每新建 1×10^8 m³ 产能按 2 000 万元估算
(二)	建设投资	

表 6-1(续)

参　数				
1	钻井工程			
(1)	①	直井	钻井费用/(元·m^{-1})	480
	②		固井费用/(元·口$^{-1}$)	50 000
	③		测井费用/(元·口$^{-1}$)	30 000
	④		套管及套管附件/(元·m^{-1})	227
	⑤		钻前费用(直井)/(元·口$^{-1}$)	140 000
	⑥		钻前费用(定向井)/(元·口$^{-1}$)	200 000
(2)	水平井		单井定额/(万元·口$^{-1}$)	1 200
2	采气工程			
(1)	①	直井	射孔/(万元·口$^{-1}$)	1.395
	②		压裂/(万元·口$^{-1}$)	35
	③		投产作业费/(万元·口$^{-1}$)	2.205
	④		螺杆泵/(万元·台$^{-1}$)	24.894
	⑤		抽油机/(万元·台$^{-1}$)	30
	⑥		压力计及控制器/(万元·个$^{-1}$)	4.8
(2)	水平井		不需要射孔和压裂等工艺	
3	地面工程			
			固定支出/(万元·km^{-2})	720
(三)	流动资金		采用扩大指标估算法,按占年经营成本的18%估算	
(四)	建设期借款利息		建设投资55%为自有资金,45%为贷款,贷款利率为1%	
二	生产成本预测			
(一)	生产成本			
(1)	采气操作成本		0.6 元/m^3	
(2)	处理成本		增加煤层气中央处理厂的处理成本0.119元/m^3	
(3)	折旧费		采用平均年限法计算,折旧年限为10 a,年综合折现率按10%计算,净残值为0	
(二)	管理费用			
(1)	摊销费		无形资产摊销年限10年,递延资产摊销年限5 a	
(2)	矿产资源补偿费		按照国家优惠政策,煤层气开发项目免交矿产资源补偿费	

表 6-1(续)

参数		
(3)	其他管理费	其他管理费按3万元/人·年
(三)	营业费用	按营业收入的0.5%计算
(四)	经营成本	0.41元/m^3
三	收入参数	
(一)	首站价格	1.38元/m^3(不含税)
(二)	财政补贴	0.2元/m^3(折纯)
(三)	商品率	99%
四	税金参数	
(一)	增值税	税率为13%
(二)	资源税	对地面抽采煤层气暂不征收资源税
(三)	城市维护建设税	按应交增值税的5%计算
(四)	教育附加费	按应交增值税的3%计算
五	建设和生产期	2 a,18 a
六	基准收益率	8%,10%,12%
七	所得税	25%

表 6-2　离柳地区煤层气开发经济参数表

基础参数	单位	数值	基础参数	单位	数值
计算期	a	18	长期借款利率	%	1
建设期	a	2	流动资金借款利率	%	1
生产期	a	16	折现率	%	10
资本金比例	%	55	公积金公益金比率	%	10
固定资产投资借款比例	%	45	气价(不含税)	元/m^3	1.38
流动资金自筹比例	%	30	商品率	%	99
流动资金贷款比例	%	70	增值税(先征后返)	%	13
流动资金占经营成本比例	%	18	资源税	元/t	0
回收固定资产余值	%	0	城市建设维护税	%	5
折旧、摊销年限	a	10	教育费附加	%	3
矿厂资源补偿费	%	0	所得税率	%	25
营业费用率	%	0.5			

6.3 经济评价

6.3.1 单井产能确定

通过资料收集、分析和对部分煤层气生产示范区进行采集样本分析，显示沁水盆地樊庄区块直井平均单井产量为 1 600～8 000 m^3/d，水平井平均单井产量为 12 000～28 000 m^3/d；河东煤田的柳林地区煤层气直井最高产气量达 1 800 m^3/d，水平井产量为 15 000 m^3/d。根据已采集离柳地区某试验井组数据显示，该试验井组属于采排初期阶段，直井日产气量 2 000 m^3 左右，水平井最高日产量达 11 376 m^3，如图 6-1、图 6-2 所示。

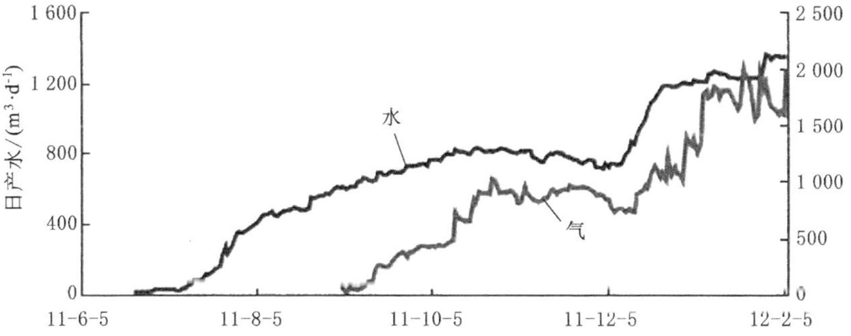

图 6-1 试验井组直井总排采曲线

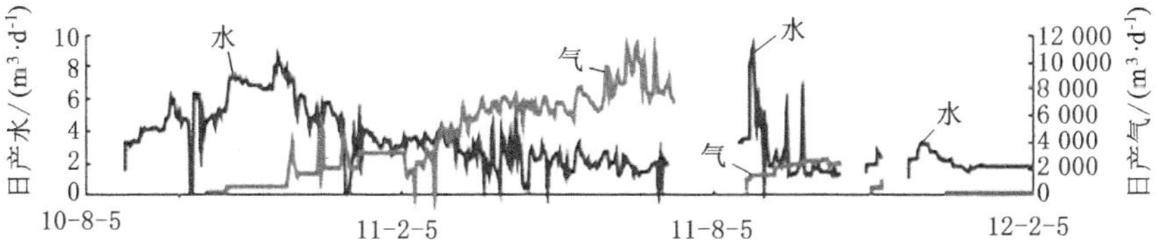

图 6-2 实验井组水平井排采曲线

根据前文的离柳地区相关地质参数，采用数值模拟方法(COALGAS 数值软件)，对离柳地区直井和水平井进行了预测，直井单井日产气能力为 2 000 m^3，水平井单井产气能力为 16 000 m^3(见图 6-3 和图 6-4)。

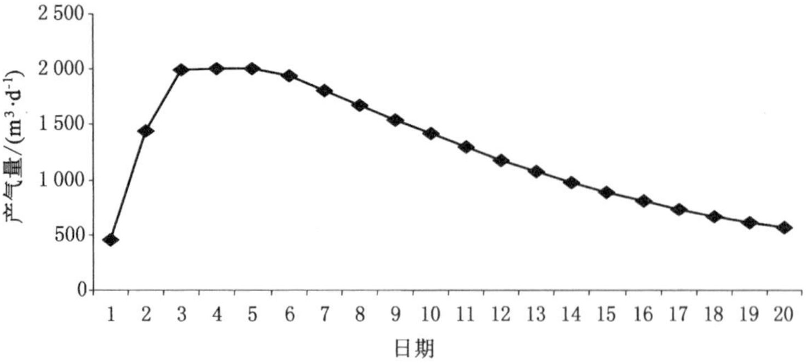

图 6-3　离柳地区煤层气直井日产气预测曲线

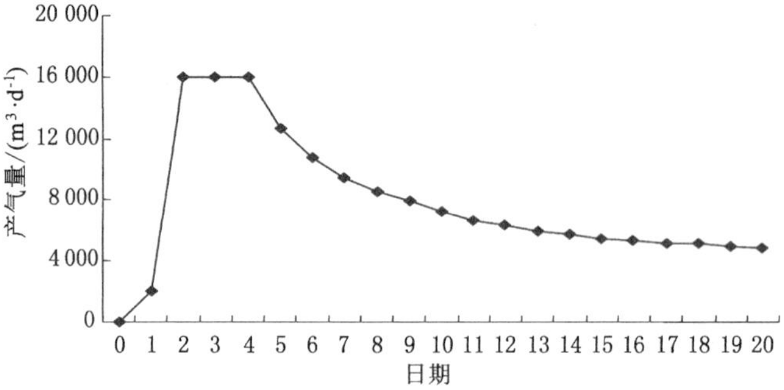

图 6-4　离柳地区煤层气水平井日产气预测曲线

综合以上分析，确定离柳地区水平井的单井产能为 16 000 m^3/d、直井的单井产能为 2 000 m^3/d。

6.3.2　井网、井距的选择

煤层气田直井的布井方式通常采用正方形和三角形布井，通过对三角形和正方形两种井网(如图 6-5 和图 6-6 所示)的比较，并用数学公式推导，可得到三角形井网和正方形井网的单井控制面积分别为：

$$S_M = \frac{\sqrt{3}}{2}a^2$$

$$S_Z = a^2$$

其中　S_M——三角形井网单井控制面积；

S_Z——正方形井网单井控制面积。

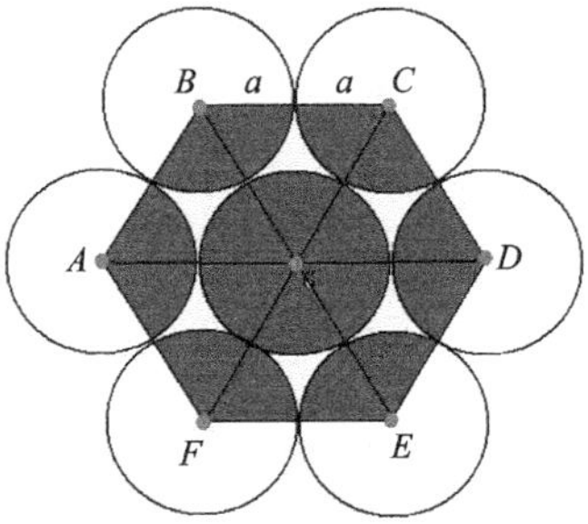

图 6-5　三角形井网示意图

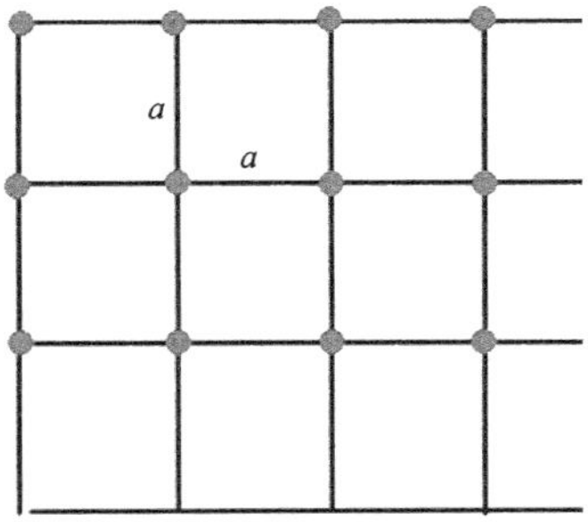

图 6-6　正方形井网示意图

但是考虑到地层主应力对压裂裂缝的分布和缝长的影响，井网方式采用规则的三角形和正方形井网不一定能够满足煤层气井的生产要求，因此在这两种井网的基础上延伸出三角形井网和矩形井网(如图 6-7 和图 6-8)，设井距为 a，排距为 b，这样两种井网的单井控制面积都为 $S=a\times b$。

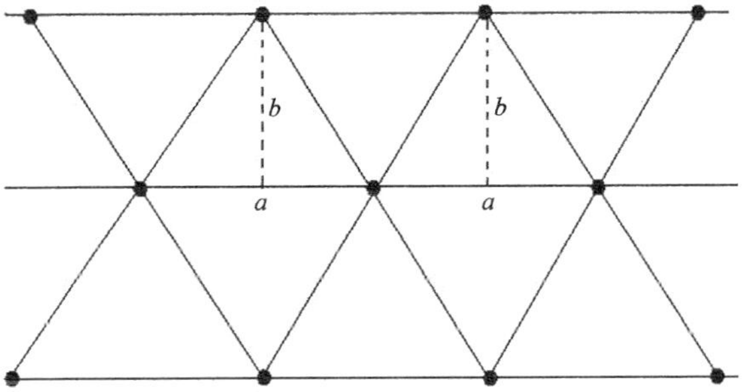

图 6-7　三角形井网示意图

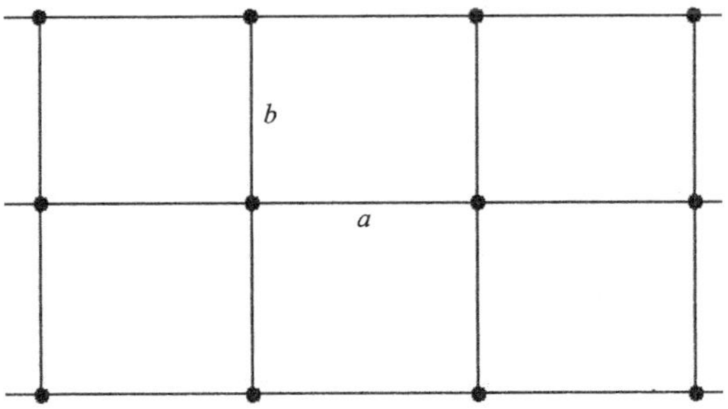

图 6-8　矩形井网示意图

三角形井网的井距为 300 m,单井控制面积为 0.078 km^2,为了能在相同的条件下进行对比不同井网的排采效果,设计的矩形井网同样采用井距 300 m,从而保证两种井网具有相同的控制面积。通过两种井网的数值模拟计算,进行指标的对比分析,见图 6-9 和图 6-10。

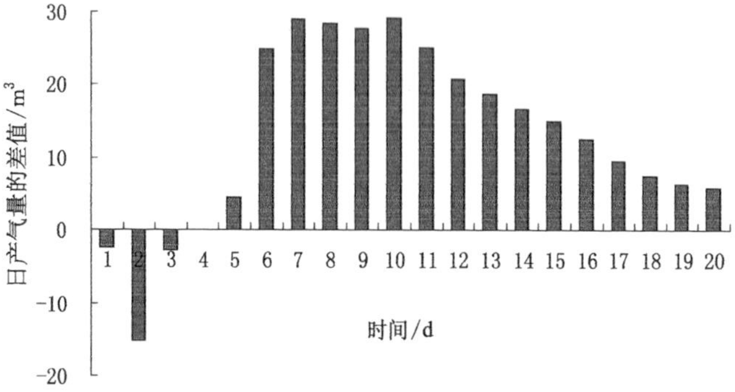

图 6-9　三角形与矩形井网日产气量的差值

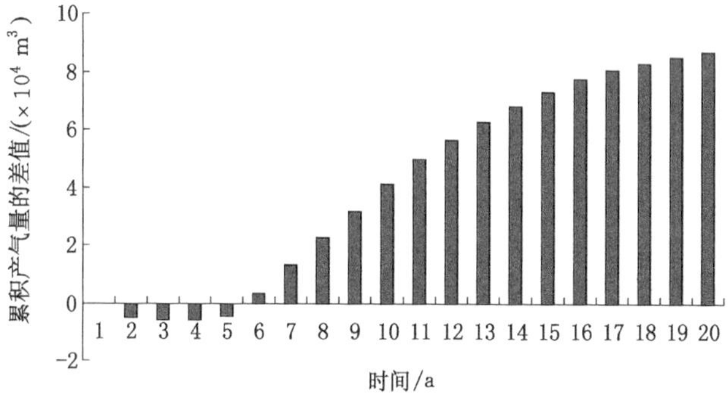

图 6-10　三角形与矩形井网累积产气量的差值

从图 6-9 和图 6-10 可以看出:三角形井网略好于矩形井网,三角形井网与矩形井网各项指标比较接近。

通过以上分析,三角形井网与矩形井网的开发效果比较接近,从煤层气的长期开发效果来看,三角形井网略好于矩形井网。我们考虑到离柳地区的地质特征、地面情况,比较适合选择三角形井网,即三角形井网的井距为 300 m,单井控制面积为 0.078 km^2。

6.3.3 开发方案设计

(1) 离柳地区煤层气资源量较大，完全可以满足市场的需求，确定建设产能为 $7.8\times10^8\ m^3/a$，一年内煤层气井的工作天数为 330 d。

(2) 直井采用 300 m 井距三角形井网开发，采用直井(定向井)、多分支水平井井型。

(3) 直井(定向井)、多分支水平井的单井配产分别为 2 000 m^3/d、16 000 m^3/d；根据总产能与单井产能，直井与水平井比例为 16∶1 的原则，确定总井数为 892 口，其中直井(定向井)、多分支水平井分别为 840 口和 52 口；有效井数为 846 口，其中直井(定向井)、多分支水平井分别 798 口和 48 口。

(4) 产能建设期为 2 a，累计新建产能 $7.8\times10^8\ m^3$(如表 6-3)。

表 6-3 离柳地区煤层气产能建设方案表

钻井/口			排采/口			新建产能/($\times10^8\ m^3\cdot a^{-1}$)		
直井(定向井)	水平井	合计	直井(定向井)	水平井	合计	直井(定向井)	水平井	合计
840	52	892	798	48	846	5.27	2.53	7.80

(5) 产量测算。按照 2 a 累建产能 $7.8\times10^8\ m^3$，稳产近 3 a，采用数值模拟方法，测算 18 a 生产期内累积产气 $81.15\times10^8\ m^3$(见表 6-4、图 6-11)。

表 6-4 离柳地区煤层气开发年产量预测表

年份	新钻/口			排采井/口			新建产能/($\times10^8\ m^3\cdot a^{-1}$)				年产气量/($\times10^8\ m^3\cdot a^{-1}$)
	直井	水平井	合计	直井	水平井	合计	直井	水平井	合计	累计	
2013	150	0	150	145	0	145	0.96	0	0.96	0.96	
2014	690	52	741	653	48	701	4.31	2.53	6.84	7.8	0.06
2015											1.14
2016											6.51
2017											7.8
2018											7.8
2019											7.26
2020											6.78

表 6-4(续)

年份	新钻/口			排采井/口			新建产能/(×10^8 m^3·a^{-1})				年产气量/(×10^8 m^3·a^{-1})
	直井	水平井	合计	直井	水平井	合计	直井	水平井	合计	累计	
2021											6.21
2022											5.7
2023											5.25
2024											4.83
2025											4.41
2026											4.08
2027											3.75
2028											3.45
2029											3.18
2030											2.94
小计	840	52	892	798	48	846	5.27	2.53	7.8		81.15

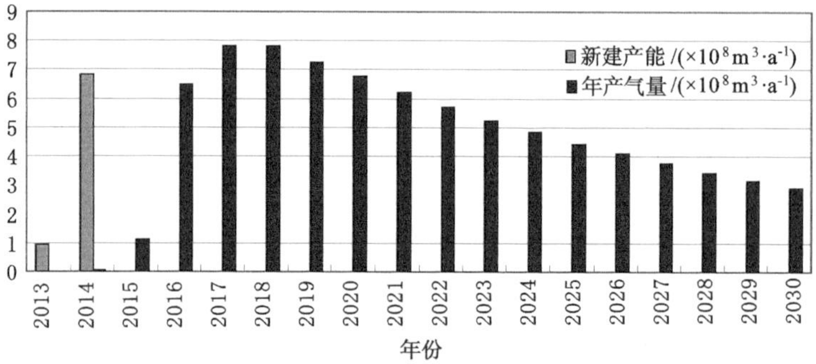

图 6-11　离柳地区煤层气开发产量预测曲线

6.3.4　参数估算

根据前文离柳地区煤层气开发基础数据列表和离柳地区煤层气开发公用经济参数表,计算出:

(1) 投资费用情况

方案总投资为 274 218 万元,其中,建设期排采费为 15 600 万元;建设投资费为 248 796 万元;建设期利息为 594 万元;流动资金为 9 228 万元(如表

6-5 所示)。

表 6-5 方案总投资估算表

序号	工程或费用名称	投资额/万元
一	建设期排采费	15 600
二	建设投资	248 796
2.1	新钻开发井	132 861
2.2	采气工程投资	52 680
2.3	地面建设工程	63 255
三	建设期贷款利息	594
四	流动资金	9 228
	方案总投资	274 218

(2) 资金筹措及使用情况

① 资金筹措:建设投资所需资本金比例按 55%、银行贷款按 45%考虑,贷款利率 1%。流动资金自有资金比例按 30%,银行贷款 70%,贷款利率 1%。

② 资金使用:投资总额 274 218 元,各年投资使用计划见表 6-6。

表 6-6 资金使用计划表 单位:万元

	项目名称	合计	2012 年	2013 年	2014 年	2015 年	2016 年
	项目总投资	274 218	24 516	240 603	1 269	6 315	1 518
1	建设期排采费	15 600	1 440	14 160			
2	建设投资	248 796	22 965	225 831			
3	建设期贷款利息	594	54	540			
4	流动资金	9 228	57	72	1 269	6 315	1 518

(3) 成本情况

根据成本费用构成情况,经计算成本情况如下表 6-7:

表 6-7　成本计算结果表

成本名称	指标值
年均总成本费用/万元	45 918
年均经营成本/万元	29 766
平均单位操作成本/(元·m^{-3})	2.178

(4) 营业收入

根据离柳地区 7.8×10^8 m^3 产能开发理论方案，18 a 计算期内累产气(考虑 90%产能到位率)73.04×10^8 m^3，商品率 99%，按气价 1.38 元/m^3(不含税)计算，方案计算期累计营业收入 997 872 万元，累计补贴收入 146 080 万元，合计收入 1 143 952 万元，见表 6-8。

(5) 税金及附加

在煤层气开发方案经济评价中涉及的营业税金及附加有：增值税、资源税、城市维护建设税和教育费附加。经计算各种税金及附加费用见表 6-8。

表 6-8　营业税金及附加估算表

序号	项目名称	计算期累计/万元
1	收入	1 143 952
	其中:煤层气营业收入	997 872
	补贴收入	146 080
2	增值税(2.1−2.2)	94 890
2.1	销项税额	129 714
2.2	进项税额	34 827
3	营业税金及附加	7 590
3.1	城市维护建设税	4 742
3.2	教育费附加	2 847
3.3	资源税	—

(6) 财务盈利能力分析

经过计算，根据现金流量表计算出各项税后财务评价指标，见表 6-9。开发方案经济评价指标（返增值税后）：财务内部收益率13.39%，财务净现值43 416万元，投资回收期7.6 a。因此，方案有一定的盈利能力，能取得较好的经济效益。

表6-9 财务指标汇总表

项目名称	指标值	备注
投资财务内部收益率/%	13.39	税后
投资财务净现值/万元	43 416	税后
投资回收期/a	7.6	税后

6.3.5 经济评价分析及结果

（1）评价分析

从图6-12看出，2013年净现金流量为负值，当2016年达到设计生产能力时净现金流量为最高61 641万元，随着生产年限的增加，净现金流量不断降低，到计算期末净现金流量仍为正值；18 a计算期内累计净现金流为33.69亿元。

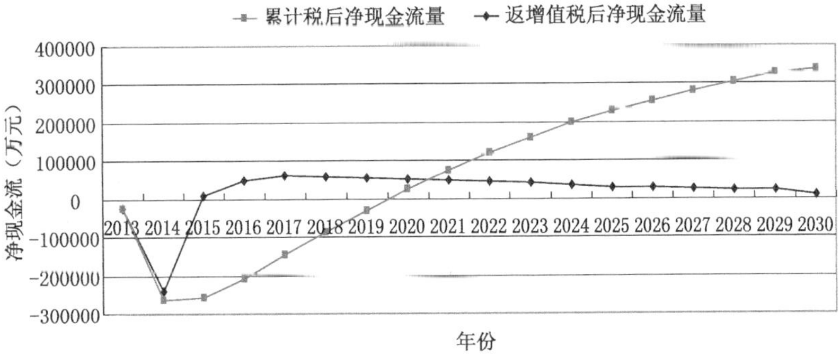

图6-12 各年净现金流变化图

通过对离柳地区$7.8\times10^8\ m^3$产能开发方案详细的投资估算、产量预测、现金流分析等，按照油气田勘探开发建设项目经济评价方法进行了经济评价计算，计算结果的主要财务指标见表6-10。

表 6-10　离柳煤层气开发方案主要财务指标汇总表

序号	项目名称	单位	数值	备注
1	基本数据			
1.1	总投资	万元	274 218	
1)	建设期排采费	万元	15 600	
2)	建设投资	万元	248 796	
3)	建设期利息	万元	594	
4)	流动资金	万元	9 228	
1.2	营业收入	万元/a	55 434	计算期平均
1.3	总成本费用	万元/a	45 918	计算期平均
	其中:折旧	万元/a	27 627	计算期平均
1.4	单位采气操作成本	元/m^3	2.178	
1.5	营业税金及附加	万元/a	423	计算期平均
1.6	利润总额	万元/a	22 482	计算期平均
1.7	净利润	万元/a	18 180	计算期平均
1.8	建亿方气产能投资	亿元/亿 m^3	9.57	
2	评价参数			
2.1	煤层气价(不含税)	元/m^3	1.38	
2.2	煤层气商品率	%	99	
2.5	计算期	年	18	
	其中:建设期	a	2	
3	评价指标			
3.1	财务内部收益率(税后)	%	13.39	全部投资
3.2	财务净现值(税后)	万元	43 416	全部投资
3.3	静态投资回收期	a	7.6	包括建设期
3.4	资本金财务内部收益率	%	17.47	
3.5	总投资收益率	%	8.81	
3.6	资本金投资净利润率	%	12.27	

按煤层气销售价格 1.38 元/m^3，计算方案财务内部收益率(税后)为 13.39%，财务净现值为 43 416 万元(税后)，投资回收期为 7.6 a，经济评价指标均高于石油行业标准，且能获得较好的经济效益。

(2) 敏感性分析

投资、经营成本、价格及产量各因素存在着不确定性，这些因素的变化对方案的 FIRR、NPV 敏感程度见表 6-11 和图 6-13。

表 6-11　方案敏感性计算表

序中	不确定因素	变化率/%	内部收益率/%	净现值/万元
基本方案			13.39	43 416
1	投资	−20%	17.45	81 003
		−10%	15.25	62 211
		10%	11.79	24 618
		20%	10.39	5 766
2	销售价格	−20%	7.29	31 797
		−10%	10.49	5 997
		10%	16.09	80 788
		20%	18.62	118 095
3	气产量	−20%	9.72	−3 402
		−10%	11.61	20 058
		10%	15.08	66 771
		20%	16.71	90 126
4	经营成本	−20%	16.18	81 711
		−10%	14.81	62 562
		10%	11.93	24 264
		20%	10.41	5 058

从销售价格、产量、投资、经营成本等指标的变化程度对财务内部收益率的影响来看，煤层气销售价格的变化最为敏感，其次是投资，产量和经营成本的变化相对不太敏感。

(3) 评价结果

① 按照气价 1.38 元/m^3(不含税，输入西气东输管线价格)，商品率 99%，采气操作成本 0.6 元/m^3，中央处理厂处理成本 0.119 元/m^3，评价期享受国家税收优惠政策的情况下测算，全部投资税后财务内部收益率为 13.39%，税后财务净现值为 43 416 万元(税后)，投资回收期为 7.6 a，经济评

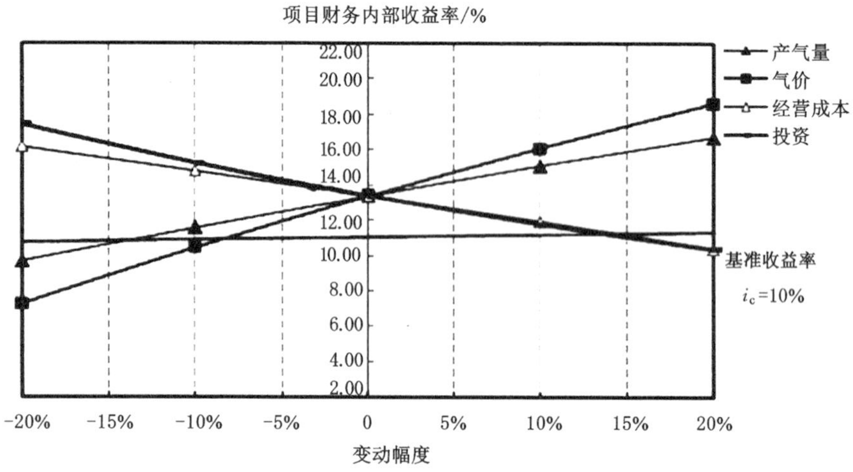

图 6-13　财务内部收益率敏感分析图

价指标均高于石油行业标准，且能获得较好的经济效益。

② 从敏感性分析结果看，具有较强的抗风险能力。

综上所述，离柳地区进行煤层气资源开发在经济上可行，具有较好的投资回报率。

第七章　离柳地区煤层气产业化条件及发展战略

7.1　离柳地区煤层气产业化条件及关键因素

7.1.1　离柳地区煤层气产业化的技术条件

以 1989 年原能源部在沈阳召开的我国第一次“开发煤层气研讨会”为标志，迄今我国煤层气勘探开发工作走过了 30 来年的探索历程。在这个逐渐探索的过程中，我国煤层气勘探开发无论从煤层气储存形式、产出机理以及成藏与富集规律等理论研究，还是从煤层气评价与选区理论和技术、勘探和开发试验技术等方面都取得了突破性成就。这些成就主要体现在：

① 完善了中国煤层气资源评价和选区的方法与理论，并基本摸清了中国丰富的煤层气资源总量。

② 建立了煤层气实验室和野外测试及分析的方法、技术、指标体系等。

③ 建立了煤层气垂直井钻井、测井、完井、压裂增产和排采生产的工艺技术体系和规范。

④ 开展了一些新型的煤层气勘探开发技术的试验，主要包括欠平衡钻井技术、多分支水平井技术、清洁压裂液携砂压裂及氮气泡沫压裂技术和二氧化碳注入技术等。

⑤ 总结出一些煤层气地质理论知识，打破国外中煤阶成藏优势论，在高煤阶、低煤阶领域取得突破。如在沁水盆地高煤阶煤煤层气勘探开发关键技术上取得突破，并在实践应用上取得成功，使日产气量提高到 4 800 m^3；低煤阶煤、多煤层、薄煤层煤层气开采压裂组合及投球分压关键技术研究成功，并在实践应用上取得成功，使单井日产气量达 3 000 m^3 以上，有效指导了高、低煤阶煤勘探开发，进一步推进高、低煤阶煤进行煤层气产业化、商业化开发。

尤其值得一提的是，煤层气多分支水平井在山西晋城大宁矿区试验成功，标志着我国地面煤层气开发技术基本成熟；一些井下煤层气抽放新技术应用，如采空区煤层气抽采、低浓度煤层气提纯、乏风煤层气利用等，极大地提高了煤层气采收率；更为重要的是煤层气发电和民用燃气技术的完善，有力地促进了煤层气商业化利用。另外，煤层气产业链中各个层面技术上的突破性进展，对我国煤层气产业化发展起到了推动作用。这些科技成果成功应用既为离柳地区煤层气勘探开发利用提供了技术支撑，也推动和加快了离柳地区煤层气产业化进程。

7.1.2 离柳地区煤层气产业化的市场条件

目前，我国能源短缺，尤其是石油、天然气严重不足，作为优质、高效、安全、清洁型能源，煤层气的开发可以有效弥补天然气资源的不足。山西地处中部，紧邻京、津、唐等大中城市及能源紧缺的东部省区，具有明显的区位优势。同时，煤层气与石油、煤炭、焦炉煤气在许多应用领域可以相互替代，但是其燃烧效率要大大优于焦炉煤气和煤炭，而且作为化工原料生产甲醇、合成氨、甲醛、炭黑等还能产生更好的经济效益和社会效益，煤层气开发利用的市场前景十分广阔。

煤层气可以与天然气同输同用，这为煤层气产业发展提供了巨大空间。环渤海地区、东南沿海地区、长江三角洲地区、中部地区及东北地区的天然气市场需求均超过 $150\times10^8\ m^3/a$，这些地区是天然气消费的重点地区。另外，中部地区及长江三角洲地区，也是未来煤层气的主要消费市场。

山西省在调整能源结构、提高能源效率、保护生态环境、保障能源安全、发展低碳经济的目标下，大力促进和加快气体能源的发展，积极培育省内“四气”下游利用市场，围绕“燃（气）、（气代）油、（发）电、化（工转化）”四条利用主线，加快综合利用步伐。到 2015 年，全省“四气”利用总量 $90\times10^8\ m^3$（其中，全省城市燃气 $15\times10^8\ m^3$，工业燃气 $30\times10^8\ m^3$，化工转化 $10\times10^8\ m^3$，发电 $5\times10^8\ m^3$，CNG $15\times10^8\ m^3$，LNG $15\times10^8\ m^3$），外输 $30\times10^8\ m^3$。到 2020 年，全省“四气”利用总量将达 $280\times10^8\ m^3$（其中，全省城市燃气 $30\times10^8\ m^3$，工业燃气 $100\times10^8\ m^3$，化工转化 $80\times10^8\ m^3$，发电 $10\times10^8\ m^3$，CNG $30\times10^8\ m^3$，LNG $30\times10^8\ m^3$），外输 $80\times10^8\ m^3$。这也为煤层气产业发展创造了条件。

因此，离柳地区煤层气以山西为中心，辐射北京、天津、河南、河北等周边省市市场，余气还可并入西气东输管网，输往长江三角洲等地区。

7.1.3　离柳地区煤层气产业化的基础设施条件

目前，山西已经初步形成国家天然气主干管网、省级主干管网和省级支线管网三级输气管网系统。山西正逐步形成“三纵十一横、一核一圈多环”的输气管线网络，实现全省一张网、全覆盖。其中，由山西国际电力燃气产业集团有限公司投资逾 40 亿元兴建的“山西吕梁煤层气（天然气）管道”于 2012 年 12 月 15 日全线贯通，该管线总长度 1 682 km，主干线位于山西西部吕梁山区，由北向南贯穿山西省，起点为五台县，经神池、保德、吕梁、临县、柳林、石楼、大宁，终点为临猗县，管网沿线吕梁、忻州、临汾等 6 市 47 个县区，前期将接收来自陕京三线的天然气。该管线为山西规划三纵之一的西纵主干管网，可将河东煤田煤层气入网送气。属于在山西境内五条国家天然气主干管网的榆济线已于 2010 年投入运行，在吕梁设分输口，可直接把离柳地区煤层气输送到山西境外的山东等地。同时，山西省内管道网络的中线长输管道柳林—介休—太原—阳泉管线和省级主干管道的五台县—柳林—临猗县天然气（煤层气）输气管道已建成，实现了离柳地区利用天然气管道把煤层气输送到全省各地市。另外，离柳地区也正在加紧建设覆盖吕梁整个地区的天然气管网工程，这些工程的逐渐投入使用，极大地改善了吕梁地区居民用户、商业用户、工业用户使用煤层气状况。这些天然气管网设施的建设，形成了省内省外输送煤层气的格局，为离柳地区煤层气产业下游市场的发展提供了基础条件，为离柳地区煤层气规模化、商业化发展奠定了重要基础。

目前在山西境内的太原市、晋城市、阳泉市、吕梁的柳林县等市县建成煤层气加气站约 60 座。其中，柳林县有一座煤层气 CNG 加气母站，日供气能力为 150 000 m^3，主要为拖车加气。规划再建设 LNG 加气站 34 座、CNG 加气站 39 座，其中，在吕梁地区新增 3 座 CNG 常规子站、3 座 LNG 加气站，逐步实现以煤层气产地为中心，辐射周边省市地区的煤层气汽车运输网络。这些规划必将进一步推动离柳地区煤层气产业化进程。

7.1.4 离柳地区煤层气产业竞争力的关键因素

(1) 煤层气资源禀赋

煤层气资源禀赋是煤层气产业发展的基础,也是煤层气产业竞争力的根本要素之一。离柳地区地下地上资源都十分丰富,已探明矿藏有40多种,含矿面积占全市国土面积的90%以上,主要有煤、铁、铝矾土、白云岩、煤层气等。其中,含煤面积11 460 km^2,占国土面积的54.36%,远景储量1 101×10^8 t,探明储量404×10^8 t。其中,4# 优质主焦煤被誉为煤炭中的国宝——"工业黑色熊猫",储量达62×10^8 t,是我国为数不多的尚未大规模开发的优质炼焦煤基地之一。在巨大含煤面积下蕴藏着丰富的煤层气资源,经前文预测,煤层气资源量约为9 869.75×10^8 m^3左右,开发前景十分广阔。另外,柳林煤层气田北区块二叠系山西组3+4、5煤于2011年新增煤层气探明储量叠合含气面积72.2 km^2,煤层气探明地质储量53.16×10^8 m^3,技术可采储量29.85×10^8 m^3,经济可采储量26.87×10^8 m^3。这对加速离柳地区煤层气产业发展,促进由煤层气勘探向煤层气开发方向转变,进一步吸引投资等各方面都具有极其重要的意义。

(2) 商业化模式

煤层气产业必须具备三个条件:上游的资源禀赋、中游的管网和下游的市场客户。三者缺一,就会阻碍煤层气产业化进程。但上游煤层气资源决定着中游和下游的发展规划。煤层气赋存于煤层中,由于煤与煤层气的矿业权往往不是同一个主体,这样造成了煤层气与煤炭勘探开发开采企业为获取煤层气资源权属利益而产生的矛盾。为了解决企业之间的矛盾,就形成了"三交模式",即中联、中奥、中国石油三家煤层气开发企业与地方政府共同合作开发煤层气模式。具体来说,离柳地区的三交区块主体局部隶属于柳林县,矿权面积383 km^2,矿权人为中国石油天然气股份有限公司,煤层气与煤炭重叠的面积有282.9 km^2,目前合作方是奥瑞安国际能源公司。为了解决因重叠问题产生的矛盾,政府出面负责出台土地征用、拆迁补偿标准,从项目准备、申报、临时用地等方面积极协调与涉煤企业的合作关系,理顺了三交地区矿权利益重叠利益之间的关系。同时,促成了中国石油煤层气公司与大土河集团光明煤矿、东辉集团西坡煤矿、美锦集团锦源煤矿等主要煤炭企业合作,并签署了框架协议,彼此承认对方的矿业权并交换技术资料,在生产中密切配合。这种在三交地区的煤层气与煤炭勘探开发中，这种相互合作、成功探索出一条科学解决煤炭企业与煤层气企业利益之争的“三交合作模式”，被原国土资源部认可为“理想的合作模式”推向全国。这为煤层气开采开发中解决气权与矿权矛盾提供了宝贵的经验和可参照的模式。由于“三交合作模式”有利于企业、政府及社会等多层面的协调发展，从而会吸引更多的投资者关注离柳地区煤层气勘探开发，甚至会进入该地区参与煤层气勘探开发。

7.2　离柳地区煤层气产业化发展战略

7.2.1　离柳地区煤层气产业化发展的指导思想

以科学发展观为指导，以国家建设鄂尔多斯东缘煤层气产业化基地和山西建设资源型经济转型综合配套改革试验区与实现“气化山西”目标为契机，以实现转型跨越发展为动力，以安全发展为保障，加快转变煤层气产业发展方式，坚持市场引导，强化政策扶持，加大科技攻关，按照统筹上、中、下游，合理开发的发展思路，加快离柳地区煤层气勘探开发与加大煤矿瓦斯抽采利用力度，积极推进采煤采气一体化，加强煤层气管网和加气站建设，强化煤层气综合利用，着力完善煤层气勘探开发利用的体制机制，全力推进煤层气产业健康、安全、高效、可持续发展，努力把离柳地区煤层气产业打造成影响我省，乃至全国煤层气产业化发展的示范基地。

7.2.2　离柳地区煤层气产业化发展的原则

一是重点突破、跨越发展的原则。在煤层气资源丰富的柳林、三交、石楼等含气区块，统筹规划，合理布局，集中力量，重点突破。特别是加大推进煤层气地面勘探开发、煤矿瓦斯抽采综合利用(提纯、液化、发电、风排瓦斯利用)力度；以离柳地区市县为中心，加快煤层气管网和煤层气加气站建设，实现有气能输的跨越发展。

二是就近利用与余气外输相结合的原则。煤层气要优先保障气源区，重点保证离柳地区内人口密集区、风景名胜区、重污染区和大工业区的煤层气使用。除此之外，余气可通过国家和省级天然气管网或CNG或LNG进行外输。

三是适度竞争、有序发展的原则。按照统筹上游煤层气资源勘探开发、适度开放中游煤层气管网建设和煤层气加气站建设、有序搞活下游煤层气综合利用市场的原则，适度引入竞争机制，加快推进离柳地区城乡输气管网、加气站等基础设施和煤层气装备制造业、现代物流服务业建设，从而实现煤层气产业上中下游同步、协调、有序发展。

四是地面开发与井下抽采相结合原则。依靠科技进步，大力应用和开发矿井瓦斯抽采和地面开发新技术，积极探索煤层气资源开发新模式，全面建设煤层气地面开发和煤矿瓦斯综合治理体系，构建高效协调开发格局，实现煤炭和煤层气产业协调发展。

7.2.3 离柳地区煤层气产业发展目标

完善煤层气勘探、开发与利用管理的体制机制，形成与经济社会建设相适应的煤层气（天然气）供应网络，构建勘探、开发、利用相配套，民用燃气、工业燃气、煤层气发电、煤层气化工相衔接，产业布局合理、经济效益、社会效益、环境效益突出的产业格局。到 2020 年达到 $100\times10^8\ m^3$ 左右，把离柳地区率先建成我国最大的清洁气体能源开发利用基地。

探明地质储量目标："十三五"期间，新增探明地质储量突破 $6\,000\times10^8\ m^3$。

地面煤层气开发目标：到 2020 年，地面煤层气抽采量实现 $50\times10^8\ m^3$，全部利用目标。

煤矿瓦斯抽采目标：到 2020 年，煤矿瓦斯抽采量达到 $70\times10^8\ m^3$，利用量为 $45\times10^8\ m^3$，实现抽采利用率 64.3%。

输气管网和加气站建设目标：到 2020 年，建成基本覆盖吕梁市全部城乡的煤层气管输网络，使管网年输气能力达到 $100\times10^8\ m^3$，进而形成城乡协调的大燃气网空间格局；建成 40 个左右煤层气加气站。

综合利用目标：积极培育利用市场，围绕柳林、三交和石楼等煤层气区块，加快推进煤层气发电、煤层气精细化工和煤层气液化、提纯等综合利用步伐，实现煤层气产业集中度高，利用领域宽的目标。

第八章　离柳地区煤层气产业化发展对策及建议

近年来，煤层气勘探开发和利用随着科学技术的投入、央企和省属煤炭企业以及外资企业的加盟，煤层气勘探开采技术在高、中、低煤阶煤取得了突破性进展，制约煤层气产业发展的一些瓶颈正逐步消除。尤其是山西沁水煤田和河东煤田已探索出一条适合于本区域的煤层气勘探开采技术，使煤层气步入了商业化生产，极大地推进了煤层气产业化进程，也使煤层气产业的发展走上快车道。

为了推进离柳地区煤层气产业化发展进程，使煤层气产业健康、快速发展，提出以下离柳地区煤层气产业化发展的对策与建议。

8.1　加强统筹规划，实现有序开发

美国在煤层气产业发展初期的经验证明，通过整个煤田统筹规划，实行有序开发，集中力量建设煤层气生产基地，提高煤层气开发利用集中程度，实现规模化生产可带来巨大的经济和社会效益，可有效避免重蹈煤炭行业小煤窑胡挖乱采的覆辙。同时集中开采煤层气的采出率高达45%～75%，而分散开采采出率只有20%左右。

随着煤层气商业化生产，煤层气无序开发问题随之出现，导致煤层气上中下游发展不协调，出现有气不产出，产出输不出，向空中燃烧排放，利用又无气的现象。

离柳地区煤层气产业化发展可借鉴美国和沁水的经验，从以下几个方面入手：

一是优先煤炭基地规划区的煤层气开发。根据煤炭基地规划情况，煤层气开发应优先安排现有生产矿区和近期接替区，一方面保障煤矿安全生产，把矿井下的煤矿瓦斯浓度抽到国家规定的标准线以下；另一方面利用煤炭企

业的提留资金开发煤层气项目，合理高效利用煤层气资源。

二是对于整装的、未开发的煤层气田，要彻底贯彻落实先采气、后采煤的政策，积极引进资金与技术实力雄厚的国内外企业进行统筹规划、集中开发利用；对于目前已大规模开发的煤层气田，要统筹规划上、下游产业，并且要想尽一切办法，创造一切机会改善投资环境，尽快建设重点煤层气生产基地；对于煤层气资源条件好的煤层气田，采取政府协调、企业自愿组合的方式，可形成集中化程度高的煤层气开发生产区。

三是利用井下瓦斯抽采先进技术，加大井下瓦斯抽采力度。离柳地区高瓦斯矿井和瓦斯突出矿井较多，对于目前不具备地面抽采条件的高瓦斯生产矿井，要积极引进瓦斯抽采的设计技术和千米钻机抽采技术，借鉴河东煤田大宁煤矿、沁水煤田晋城寺河煤矿和阳泉矿区的瓦斯抽采和利用技术，加大井下瓦斯抽采力度，一方面保证生产安全，另一方面有效地利用瓦斯资源，开发瓦斯利用市场，形成煤矿瓦斯抽采利用产业。

8.2 合理布局产业，形成集聚效应

目前，煤层气开发利用领域基本上是各自为战，项目建设更多关注的是煤层气上游勘探开发，中游管网、加气站等基础设施配套建设还比较滞后，下游煤层气利用市场及利用产业分析不够透彻，利用规模较小。由于煤层气上中下游各主体缺乏有效协调，致使煤层气资源与消费市场相脱节，出现下游用户市场难以开拓，特别是中游管输设施不配套，形成了大量煤层气只能在区域内自采自用。为此，离柳地区在进行煤层气产业化过程中，要充分规划，合理布局，整合气源，拓展煤层气利用领域与渠道，加强各产业间协调发展，形成产业集聚协作效应。

8.3 完善扶持政策，落实补贴政策

美国煤层气产业化成功的经验表明：在煤层气产业发展初期，政策的扶持和税收政策的补贴是煤层气发展的主要推动力。目前，我国政府支持煤层气发展的政策体系已基本形成，已颁布了煤层气勘探开发利用的税收优惠、探矿权与采矿权减免使用费、财政补贴等经济扶持政策，但是与煤层气开发

成功的美国等国家相比，力度明显不够、政策落实还不到位。比如，我国煤层气政策实行增值税先征后返，每开发利用 1 m^3(纯)国家财政补贴 0.30 元，发电补贴 0.25 元，这个补贴力度无法支撑一个新兴产业快速发展。而美国对煤层气税收补贴规定：每开采销售 1 m^3 煤层气，可获补贴额为售价的 51%～52%。从煤层气能源战略这个角度来看，对煤层气财政补贴不如页岩气高，补贴标准偏低，无法刺激煤层气生产企业再投入。另外，在补贴的过程中，由于程序繁杂，很多补贴进度缓慢或无法落实。

同时，地方扶持政策不到位。国家规定除国家财政补贴外，地方政府根据实现情况可以给予适当补贴。山西作为全国煤层气开发比较成功的地区，地方煤层气利用补助标准为 0.1 元/m^3。但从现实调研来看，这个补助也很难落实到位，如果要从扶持煤层气产业发展角度制定更高的补助标准恐怕更是难以实现。

针对上述情况，关键要把国家和地方政府政策落实好、完善好，并具体化，给予煤层气比常规石油天然气更加优惠的政策，并加大补贴标准与范围，逐步引导企业成为煤层气发展的主体。比如，建议政府煤层气发电可优先，并提高煤层气上网补贴政策；简化补贴程序；对煤炭企业用于地面开发煤层气、煤层气发电、内输管网建设等项目加大扶持力度；实行煤层气与天然气、石油价格连动机制；给予实行零税率；给予企业所得税比“五免三减半”的更加优惠的政策。

8.4　增加科技投入，建立研发中心

煤层气产业属于新兴产业，在煤层气勘探开发利用过程中出现的许多问题、困难需要用高新技术去解决。离柳地区煤层气储层大多具有低渗透、低饱和、低储层压力的“三低”特点，开采难度大，需要加大科技投入和攻关力度。要依托煤层气生产基地周边省市的高校、科研院所、煤炭地质勘察研究院等从事煤层气研究的教授、技术人员为骨干组建攻关团队，选择重点煤田、重点区块、重点气井、重点企业进行煤层气资源赋存、地面钻井抽取、井下钻孔抽采、矿井瓦斯监测、管道输气、煤层气发电和精细化工转化等各方面科技攻关，为离柳地区煤层气开发实现突破提供科技支撑。并尽快成立“煤层气技术开发工程中心”，专门从事研究煤层气高新技术攻关和高技术产业化示

范工程项目的技术应用推广，促进煤层气综合利用的规模化、商业化，使煤层气产业的发展跨入新阶段、新水平，真正实现产业化的目标，使煤层气成为一个新的能源支柱产业。

8.5 强化人才引进，加强对外合作

煤层气产业是资金技术、密集型的产业，其发展除了依靠资金外，更主要是需要知识与技术。对外合作方式既是一种引进资金与技术的方式，也是促进煤层气产业形成和产业化发展的重要形式。另外，要积极引进煤层气行业内外高级技术人员和国外相关行业留学人员，以促进煤层气从业人员的管理和技术水平的提高，同时，在生活待遇和工作条件方面要做好后后勤保障，以便充分发挥他们的聪明才智，用所学的专业特长为煤层气产业发展提供新理论、新技术、新方法支持。离柳地区煤层气产业发展基本处于待开发阶段，开展对外合作，不仅可以引进企业、资金、技术、人才，还可以引进先进技术和管理经验，推动煤层气勘探、开发、利用各方面技术创新，提高技术装备水平，实现煤层气产业深度发展。

8.6 制定法律法规，护航产业开发

法律法规的完善对煤层气产业和产业化发展至关重要。我国出台了不少有关煤层气的法律法规，但在实践中还存在很大问题：

一是专门针对煤层气的现行有效法规比较少，而且不健全，大部分有关煤层气的法律法规都是参照常规石油天然气的来执行。

二是国家有关煤层气勘探开发的规定比较笼统，而且很少有具体可操作性措施。比如，《中华人民共和国矿产资源法》及配套法规明确了矿业权审批制度和矿业权具有排他性、严禁侵权的内容，但在实际执行中对于矿业权重叠问题以及如何解决没有从法律制度方面明确。因此，实际执行中比较困难。甚至有的规范性文件与法律、法规相悖，执行中存在“各取所需”，甚至有时避开法律问题，这些对煤层气产业及产业化发展极为不利。

三是煤层气虽然在《中华人民共和国矿产资源法》配套法规附则目录中被列为独立矿种，但法律法规并没把煤层气作为能源战略资源上升到与石油

天然气一样的高度，只是作为常规天然气的补充。

四是我国现有的法律法规存在某种程度上的缺陷，出现煤层气与煤炭两权分置现象，我国煤矿区和煤炭规划矿区的大部分煤层气资源被极少数的非煤企业抢先"圈地"和瓜分，形成了煤层气资源的垄断局面，限制了煤层气的发展。以山西省为例，仅中国石油和中联煤两公司就登记了 2.8 万 km^2 的煤层气矿权，约占全省含煤面积的 60%，几乎覆盖了山西省所有煤炭规划矿区。另外，由于煤炭开发两级发证，煤层气开发一级发证的矿业权许可制度，导致出现只要取得煤炭矿业权，便可强占煤层气矿业权现象。这种在利益驱动下，出现了违法行为，有的还破坏了矿业生产秩序，严重浪费资源。

五是我国有关文件明确要求坚持采气采煤一体化和采气采煤相互兼顾的原则，实行煤炭煤层气的综合勘查、综合开采，确保两种资源的协调开发和综合利用，并以吨煤瓦斯含量为标准进行划分煤炭与煤层气开发。但先采气、后采煤的具体标准及法规没有出台，实际操作中落实较难。

为使离柳地区煤层气产业进入公平、合理、有序的竞争发展，以及真正健康、可持续发展，一方面需要国家有关部门尽快研究修改、制定相关法律法规；另一方面离柳地区当地政府部门和行业协会也应积极行动，主动出台地方性和行业性文件，以规范煤层气产业。

8.7　加快管网建设，推动产业发展

高浓度煤层气与常规天然气在利用环节相同，而煤层气资源分布与常规天然气资源的分布在地域上具有互补性，因此，对于天然气和煤层气输气管网建设可以全国统筹规划。从现在煤层气产业化进程来看，山西煤层气管网建设的规模和速度制约着煤层气产业的发展速度。因此，在离柳地区煤层气产业化发展的规划中要考虑：

一是在规划常规天然气长输管线的建设时应充分考虑煤层气与天然气二者的可混输性及煤层气资源分布的地域特点，尽可能安排常规天然气长输管线靠近煤层气生产基地，并为未来区域煤层气管线并入预留足够容量，从而节约煤层气产业发展初期管线建设的投资。

二是要重点建设煤层气支线管网，并加强支线管网与长输管网的连接与衔接，使煤层气既可服务当地，也可进入国家和省级长输管线，服务全国

各地。

三是注重煤层气加气站建设的规模与速度，使其既能满足煤层气生产基地周边地市的生活、生产需要，又能起到天然气供应、调峰等作用。

8.8 利用 CDM 项目，促进产业进步

清洁发展机制(CDM)是《京都议定书》所规定的发达国家在境外实现部分减排承诺的一种履约机制。它的核心是允许发达国家和发展中国家进行项目级的减排量(CERs)抵消额的转让与获得，在发展中国家实施温室气体减排项目。煤层气成分中甲烷含量一般大于 90%，甲烷是大气中主要温室气体之一，对红外线的吸收能力极强，是 CO_2 的 20 多倍。因此，煤层气开发是实施 CDM 项目的重要领域。目前，国际碳指标为 8 美元/t，离柳地区选择煤炭资源较好、瓦斯含量较高、排放量大、气源有保证的规划区实施 CDM 项目，一方面会起到改善煤矿安全和保护环境等多重效应，另一方面可充分利用 CDM 机制引进资金和技术支持，推动离柳煤矿区煤层气的开发利用，从而对离柳地区煤层气产业发展起到积极的推动作用。

参考文献

[1] 牛冲槐,张永胜.中国煤层气产业发展研究[M].北京:知识产权出版社,2016.

[2] 山西省科技情报研究所研究中心.中国煤层气产业发展研究报告[R].太原:山西省科技情报研究所,2010.

[3] 山西省科技情报研究所研究中心.山西煤层气产业发展研究报告[R].太原:山西省科技情报研究所,2010.

[4] 国土资源部油气资源战略研究中心.全国煤层气资源评价[M].北京:中国大地出版社,2009.

[5] 张亮.山西煤层气资源评价及开发利用[M].太原:山西经济出版社,2007.

[6] 国家能源局煤炭司.煤矿瓦斯专项整治和煤层气开发利用文件汇编[G].北京:国家能源局煤炭司,2009.

[7] 李宝卿.煤层气开发利用与操作[Z].太原:山西省发展和改革委员会,2011.

[8] 王凌文.煤层气行业规范性文件汇编[M].太原:山西经济出版社,2011.

[9] 朱晓明,王志林,贺天才,等."采气采煤一体化"法律问题研究[M].北京:法律出版社,2008.

[10] 孟召平,田永东,李国富.煤层气开发地质学理论与方法[M].北京:科学出版社,2016.

[11] 贺天才,秦勇.煤层气勘探与开发利用技术[M].徐州:中国矿业大学出版社,2007.

[12] 罗东坤,吴晓东,张宝生.中国煤层气资源技术经济评价[M].北京:煤炭工业出版社,2010.

[13] 张新民,庄军,张遂安.中国煤层气地质与资源评价[M].北京:科学出版

社,2002.

[14] 张永胜,牛冲槐.基本结构方程模型的中国煤层气产业影响因素研究[J].科学管理研究,2018,36(3):36-39,71.

[15] 苏俊.煤层气勘探开发方法与技术[M].北京:石油工业出版社,2011.

[16] 李五忠,赵庆波,吴国干,等.中国煤层气开发与利用[M].北京:石油工业出版社,2008.

[17] 苏现波,林晓英.煤层气地质学[M].北京:煤炭工业出版社,2009.

[18] 党耀国,刘畏峰,王正新,等.灰色预测与决策模型研究[M].北京:科学出版社,2009.

[19] 张凤麟.中国煤层气产业化研究[M].北京:地质出版社,2010.

[20] 宋岩,刘洪林,柳少波,等.中国煤层气成藏地质[M].北京:科学出版社,2010.

[21] 宋岩,张新民,等.煤层气成藏机制及经济开采理论基础[M].北京:科学出版社,2005.

[22] 赵庆波,粉锦,李五忠.煤层气勘探开发地质理论与实践[M].北京:石油工业出版社,2011.

[23] 申宝宏,陈贵锋.煤矿区煤层气产业化开发战略研究[M].北京:中国石化出版社,2013.

[24] 王红岩,刘洪林,赵庆波,等.煤层气富集成藏规律[M].北京:石油工业出版社,2005.

[25] 孙万禄.中国煤层气盆地[M].北京:地质出版社,2005.

[26] PALMER I D,METCALFE R S,YEE D et al .煤层甲烷储层评价及生产技术:美国煤层甲烷研究新进展[M].秦勇,曾勇译.徐州:中国矿业大学出版社,1996.

[27] 苏现波,陈江峰,孙俊民,等.煤层气地质学与勘探开发[M].北京:科学出版社,2001.

[28] 国家发展改革委.能源发展"十一五"规划[EB/OL].[2007-09-28].http://www.ndrc.gov.cn/fzgggz/fzgh/ghwb/gjjgh/200709/P020150630514158560149.pdf.

[29] 孙茂远.中国煤层气开发利用与对外合作[M].北京:煤炭工业出版社,2000.

[30] 山西省发展与改革委员会. 山西省"十三五"新能源产业发展规划[EB/OL]. [2017-05-26]. http://www.shanxi.gov.cn/zw/ghjh/201705/t20170526_303337.shtml.

[31] 胡殿明,林伯泉. 煤层瓦斯赋存规律及防治技术[M]. 徐州:中国矿业大学出版社,2006.

[32] 李金柱. 合理能源结构与煤炭清洁利用[M]. 北京:煤炭工业出版社,2002.

[33] 张新民,赵靖舟,等. 中国煤层气技术可采资源潜力[M]. 北京:科学出版社,2010.

[34] 林建浩,胡爱梅. 中国煤层气开发产业化对策研究[M]. 北京:石油工业出版社,2007.

[35] 万玉,张劲,王新海,等. 煤层气经济开采增产机理研究[M]. 北京:科学出版社,2011.

[36] 雷群,李景明,赵庆波. 煤层气勘探开发理论与实践[M]. 北京:石油工业出版社,2007.

[37] 叶建平,范志强. 中国煤层气勘探开发利用技术进展:2006 年煤层气学术研讨会论文集[M]. 北京:地质出版社,2006.

[38] 汤达祯,王生维,等. 煤储层物性控制机理及有利储层预测方法[M]. 北京:科学出版社,2010.

[39] 宋岩,张新民,柳少波,等. 中国煤层气地质与开发基础理论[M]. 北京:科学出版社,2012.

[40] 山西省自然资源厅. 山西省煤层气资源勘查开发规划(2016—2020 年)[EB/OL]. [2017-11-23]. http://zrzyt.shanxi.gov.cn/zwgk/zwgkjbml/ghjh/dzkcgh/201711/t20171123_78539.shtml.

[41] 国家发展和改革委员会. 煤层气(煤矿瓦斯)开发利用"十三五"规划[EB/OL]. [2017-08-09]. http://www.ndrc.gov.cn/fzgggz/fzgh/ghwb/gjjgh/201708/t20170809_857304.html.

[42] 山西省人民政府. 山西省"十三五"综合能源发展规划[EB/OL]. [2016-12-26]. http://www.shanxi.gov.cn/sxszfxxgk/sxsrmzfzcbm/sxszfbgt/flfg_7203/szfgfxwj_7205/201612/t20161226_272758.shtml.

[43] 山西省人民政府. 山西省煤矿瓦斯抽采全覆盖工程实施方案[EB/OL].

[2015-08-03]. http://www. shanxi. gov. cn/sxszfxxgk/sxsrmzfzcbm/sxszfbgt/flfg_7203/bgtgfxwj_7206/201508/t20150803_161474. shtml.

[44] 山西省国新能源发展集团有限公司. 燃气产业发展规划(2015—2017)[Z]. 太原:[出版者不详],2015.

[45] 中联煤层气有限责任公司. 中国煤层气勘探开发技术研究[M]. 北京:石油工业出版社,2007.

[46] 中联煤层气有限责任公司. 21 世纪中国煤层气产业发展与展望[M]. 北京:煤炭工业出版社,2003.

[47] 刘生锋,李仲锋. 临县“三交合作模式”全国推广[N]. 吕梁日报,2011-9-4(1).

[48] 刘晔,王云,刘德超. 沁水盆地煤层气产业发展研究[J]. 中国能源,2008,30(3):42-45.

[49] 韩宝宝. 用煤层气作为燃料对节能减排的意义[J]. 科技情报开发与经济,2011(23):167-169.

[50] 孙茂远. 关于煤层气产业发展的若干问题及对策[N]. 中国国土资源报,2009-09-04[2010-05-28]. http://www. lrn. cn/economic/surveyeco/200909/t20090904_409356. htm.

[51] 秦学成,段永刚,王运海,等. 煤层气地面开发项目经济预测及规模报酬评价[J]. 天然气工业,2011(11):107-110,131.

[52] 申宝宏,刘见中,赵路正. 煤矿区煤层气产业化发展现状与前景[J]. 煤炭科学技术,2011(1):6-10,56.

[53] 李元建. 中国煤层气产业开发利用现状与对策分析[J]. 中国矿业,2010(6):8-10,33.

[54] 赵国泉,刘馨,桑逢云. 国外煤层气(煤矿瓦斯)经济政策及对我国的启示[J]. 中国煤炭,2011(1):122-126.

[55] 郭景林,郭晓明. 山西煤层瓦斯分布规律研究[J]. 中国煤炭地质,2010(12):11-17.

[56] 琚宜文,范俊佳,谭静强,等. 华北盆-山演化和岩石圈转型与煤层气富集的关系[J]. 中国煤炭地质,2009,21(3):1-5,27.

[57] WICKS D E,MCFALL K S,ZUBER M D et al. An analysis of the coalbed methane resources of the Warrior Basin,Alabama[C]//Inter-

national Coalbed Methane Symposium. [s. l.]:[s. n.],1987:131-139.
[58] KINNON E,ESTERLE J,GOLDING S. Geological controls on gas flow pathways in coal seams[C]//International Coalbed and Shale Gas Symposium 2008. New York:Curran Associates,2008:90-90.
[59] 秦勇,姜波,王继尧,等. 沁水盆地煤层气构造动力条件耦合控藏效应[J]. 地质学报,2008,82(10):1355-1362.
[60] REN Z L,ZHANG S,GAO S L,et al. Tectonic thermal history and its significance on the formation of oil and gas accumulation and mineral deposit in Ordos Basin[J]. Science in China series D:Earth sciences,2007(50):27-38.
[61] 姚艳芳,李新春,周耀周,等. 煤层围岩在煤层气勘探开发中的作用[J]. 油气井测试,1999,8(1):41-44.
[62] 聂君君. 对山西省煤炭、煤层气勘查开发一体化的几点认识[J]. 华北国土资源,2010(3):5-7.
[63] 黄建中. 离柳矿区瓦斯赋存规律及影响因素分析[J]. 山西建筑,2012,38(34):78-79.
[64] 桑树勋,范炳恒,秦勇,等. 煤层气的封存与富集条件[J]. 石油与天然气地质,1999(2):8-11.
[65] 王生维,段连秀,陈钟惠,等. 煤层气藏的封闭及其研究意义——华北石炭二叠系煤层气藏封闭特征浅析[J]. 地球科学,1999(1):49-54.
[66] 黎凤岐. 离柳矿区煤层气勘探现状与分析[J]. 山西煤焦科技,2004,28(4):7-8.
[67] 郭莉. 基于灰色模型的中国能源需求预测[J]. 西安科技大学学报,2011,31(4):398-401.
[68] 张旭东,征时. 能源发展"十二五"规划三大看点[N]. 中国信息报,2013-01-31(3).
[69] 王红岩,张建博,李景明,等. 中国煤层气富集成藏规律[J]. 天然气工业,2004,24(5):11-13.
[70] 孙茂远,范志强. 中国煤层气开发利用现状及产业化战略选择[J]. 天然气工业,2007(3):1-5.
[71] 王许涛,刘文斌,张百良. 煤层气开发利用的制约因素及对策[J]. 洁净煤

技术,2006,12(4):27-30.

[72] 叶建平.中国煤层气勘探开发进展综述[J].地质通报,2006,25(9):1074-1078.

[73] 李五忠,王一兵,孙斌,等.中国煤层气资源分布及勘探前景[J].天然气工业,2004(5):8-10.

[74] 杨永国,秦勇.煤层气项目经济评价系统模型及应用研究[J].煤炭学报,2004(2):254-256.

[75] 袁正赟,张晓军.对煤层气开发利用的经济评价分析[J].煤炭经济研究,2004,24(4):10-11.

[76] 黄盛初,周心权.煤矿瓦斯抽采利用项目经济评价模型[J].中国煤炭,2005(8):5-8.

[77] 王宪花,卢霞,蒋卫东,等.沁水煤层气田樊庄区块煤层气开发经济评价[J].天然气工业,2004(5):137-139.

[78] 张遂安,王竹平,李艳红.煤层气开发项目经济评价方法与预测模型[J].中国矿业大学学报,2004,33(3):314-317.

[79] 李艳红,张遂安,王辉.煤层气开发项目经济评价中地质条件影响分析[J].中国煤田地质,2000,12(2):26-28.

[80] 周晓梅,徐龙君,鲜学福.煤层气开发利用的经济效益分析[J].重庆大学学报(自然科学版),2006(11):137-140.

[81] 范文科,王一兵,鲜保安.沁水煤层气田开发可行性研究[J].天然气工业,2006(4):80-82.

[82] 崔民选.2007 中国能源发展报告[M].北京:社会科学文献出版社,2007.

[83] 胡益之,刘翠玲,梁丽彤,等.山西煤层气开发产业化现状及发展[J].煤化工,2010(4):1-6.

[84] 董小恺.山西煤层气产业化的构想与建议[J].山西能源与节能,2008(2):13-16.

[85] 朱志敏,杨春,沈冰,等.煤层气及煤层气系统的概念和特征[J].新疆石油地质,2006,27(6):763-765.

[86] 张小军,陶明信,王万春,等.生物成因煤层气的生成及其资源意义[J].矿物岩石地球化学通报,2004(2):166-171.

[87] 唐鹏程,郭平,杨素云,等.煤层气成藏机理研究[J].中国矿业,2009,18(2):94-97.

[88] 叶建平,武强,王子和.水文地质条件对煤层气赋存的控制作用[J].煤炭学报,2001,26(5):459-462.

[89] 叶建平,武强,叶贵钧,等.沁水盆地南部煤层气成藏动力学机制研究[J].地质论评,2002,48(3):319-323.

[90] 刘国伟,苏现波,林晓英,等.煤层气勘探开发一体化经济评价模型[J].河南理工大学学报(自然科学版),2007,26(5):516-521.

[91] 陈振宏,贾承造,宋岩,等.构造抬升对高、低煤阶煤层气藏储集层物性的影响[J].石油勘探与开发,2007,34(4):461-464.

[92] RUPPERT L F,HOWER J C,RYDER R T,et al. Geologic controls on thermal maturity patterns in Pennsylvanian coal-bearing rocks in the Appalachian basin[J]. International journal of coal geology. 2010,81(3):169-181.

[93] 傅雪海,秦勇,薛秀谦,等.煤储层孔、裂隙系统分形研究[J].中国矿业大学学报,2001,30(3):225-228.